本书受上海理工大学人文社科培育项目"时空观视角下英汉不对称语言构件对比研究"（编号：1F-21-305-003）和上海理工大学研究生教学建设项目资助。

词义构建的认知研究

邬菊艳 著

A Cognitive Exploration of
Word Meaning Construction

苏州大学出版社
Soochow University Press

图书在版编目(CIP)数据

词义构建的认知研究 = A Cognitive Exploration of Word Meaning Construction / 邬菊艳著. -- 苏州：苏州大学出版社，2023.9
 ISBN 978-7-5672-4265-4

Ⅰ.①词… Ⅱ.①邬… Ⅲ.①汉语-词义-研究 Ⅳ.①H13

中国国家版本馆 CIP 数据核字(2023)第 170688 号

Ciyi Goujian De Renzhi Yanjiu

| 书　　名：词义构建的认知研究
A Cognitive Exploration of Word Meaning Construction
| 著　　者：邬菊艳
| 责任编辑：沈　琴
| 装帧设计：吴　钰
| 出版发行：苏州大学出版社(Soochow University Press)
| 社　　址：苏州市十梓街1号　邮编：215006
| 印　　刷：苏州市深广印刷有限公司
| 邮购热线：0512-67480030
| 销售热线：0512-67481020
| 开　　本：700 mm×1 000 mm　1/16　印张：12.25　字数：207千
| 版　　次：2023年9月第1版
| 印　　次：2023年9月第1次印刷
| 书　　号：ISBN 978-7-5672-4265-4
| 定　　价：49.00元

图书若有印装错误，本社负责调换
苏州大学出版社营销部　电话：0512-67481020
苏州大学出版社网址　http://www.sudapress.com
苏州大学出版社邮箱　sdcbs@suda.edu.cn

前言
PREFACE

　　对词义问题的好奇与思索是我多年来一直的痴迷，但感性的痴迷与理性的研究两者之间的鸿沟并不容易跨越。经过这些年来的苦苦追寻，我在词义问题研究方面终于有些创新和突破，特撰写本书为学界抛砖引玉。本书侧重研究的主题是词汇语义学领域中的词义构建，主要探讨以下三个问题：（一）词义究竟是什么？是被语言社团所广泛接受、基本稳定的词典释义？还是使用中变动不居、纷繁芜杂的语境意义？（二）我们何以凭借相对稳定的词典释义就能构建出复杂多变的语境意义？（三）语境意义看似变幻莫测，但是否依然有章可循？关于这些问题的研究，中外文献众多，但泛泛而谈者居多，后出而转精者鲜少。因此，上述问题在词汇语义学界一直悬而未决。

　　对于语义、概念和意义这三个术语，学界常常混淆并随意使用。本书基于认知语义学的理论框架，首先厘清三者之间的联系与区别，并以这三者为主线，综述前人对词义研究的理论发展，归纳出三种视角：（一）结构主义语义学主要基于语义视角；（二）生成语义学主要聚焦于语义与概念双层视角；（三）传统认知语义学主要侧重概念与意义的关系视角。本书认为，对于词义的描写方式不应遵循一个孤立的点或两点成一直线的简单连接，而应该是语义、概念和意义三个层面之间的相互贯通和相互渗透。在此基础上，本书分别探究了词义构建的主体、过程及规律性特征，主要有以下四点发现：

（一）词义牵涉三个层面，而这三个层面正是词义构建的三大主体。具体而言，在语言层面，词义表现为稳定的词汇语义；在概念层面，词义表现为图式性的词汇概念；在使用层面，词义表现为多变的词汇意义。词汇语义是语言范畴中的一个实体，是词语所表达的明晰而稳定的语义知识；词汇概念属于概念范畴，是与词语相联系的概念内容或概念结构；词汇意义是使用范畴中的一个事件，是语言使用者的一种在线心理模拟和动态构建过程。

（二）词义构建的过程是词汇语义、词汇概念、词汇意义三者在不同层面历经语言与情境模拟融合的交互作用过程。实际语言理解中，语言层面的词汇语义，通过语义确认、语义关联和语义组合等机制进行词汇理解的浅层加工，同时，词汇语义对概念层面的深层加工又起着导引和指示作用；在概念层面，主体通过对相关词语的概念内容以及该词语现处语境所激活的情境进行心理模拟，经多次语言与情境模拟加工的融合交互作用，最终完成特定语境中的词汇意义构建。基于此，本书构筑出一个词义构建三角模型。

（三）词义共振原理是推动词语互为语境的意义运作机制，在此机制的推动下，名词的意义构建展现出自转型特征。其自转主要涉及两个层面：一是名词语义具有自足性和独立性，犹如一个相对稳定有形的天体；二是语境中的名词通过凸显自己特定的义面，以达到与周边语言成分的语义相和谐，而在特定义面的导引和指示下，经由词汇概念获得适切于语境的意义构建。因此，名词意义构建的语境多变性，犹如一个相对独立的天体在银河系中做自转运动。

（四）在词义共振机制的推动下，动词和形容词的意义构建展现出公转型特征。其公转也主要涉及两个层面：一是动词和形容词自身语义通常定义缺省或标示不足，需要名词对其进行渗透或充实，因此，动词和形容词语义对名词具有依赖性；二是语境中的动词和形容词的语义或意义构建通过围绕名词进行自我调整，以达到适应名词语义或与名词语义相和谐。因此，动词和形容词意义构建的语境多变性，犹如卫星围绕行星或行星围绕太阳做公转运动。

概述之，本书分别从词语作为相对独立个体和词语之间互为语境两个维度，阐述了词义的三个层面，即词义构建的三大主体，并结合心理学研究成果，探究词义构建过程的认知心理现实，提出词义构建三角模型以及规律性特征。以上这些研究对词汇语义学理论和词汇教学实践具有理论意义和实践价值。

  本书主要基于本人的博士毕业论文修改而成。回首读博的四年，一切都历历在目，其中有拼搏也有迷茫，有感动也有愧疚，有收获也有遗憾。除了对这段求学旅程的追忆和思考，更多的是对陪伴我一路走来的导师王文斌教授的感恩与致谢。王老师严谨的治学作风、高深的学术造诣以及对科研工作的满腔热情，让我深深惊叹，他的言传身教，更使我受益终身。此外，本书中的部分内容近年以论文形式发表于多家学术期刊，在此向各位主编和编辑深表谢忱！苏州大学出版社对本书的出版也给予了大力支持，在此一并表示感谢。

邬菊艳

2023 年 7 月 10 日

目 录
CONTENTS

第 1 章　绪论 /001

　1.1　研究问题　/002
　1.2　术语界定　/010
　1.3　研究目标　/012
　1.4　研究意义　/013
　1.5　总体框架　/016

第 2 章　词义研究概观 /018

　2.1　词义研究回顾　/018
　　2.1.1　语义视角　/022
　　2.1.2　语义与概念视角　/028
　　2.1.3　概念与意义视角　/035
　2.2　词义研究述评　/042
　2.3　本章小结　/047

第 3 章　词义构建的认知理论基础 /048

　3.1　具身认知　/048
　3.2　百科知识意义观　/050
　3.3　意义构建观　/052
　3.4　基于使用的假设　/053
　3.5　本章小结　/055

第4章 词义构建主体——词汇语义、词汇概念、词汇意义 /056

4.1 语义、概念、意义 /056
    4.1.1 语义与概念 /057
    4.1.2 意义的静态观与构建观 /061
    4.1.3 概念与意义的百科知识性 /063

4.2 词汇语义、词汇概念、词汇意义 /065
    4.2.1 词汇语义与词汇意义 /066
    4.2.2 词汇概念 /068

4.3 本章小结 /075

第5章 词义构建过程——三角模型 /077

5.1 词义构建与心理学研究 /077

5.2 语言与情境模拟理论的发展 /078
    5.2.1 感知符号系统理论 /080
    5.2.2 语言与情境模拟理论 /081

5.3 词义构建 /082
    5.3.1 语言层面的词汇语义加工 /083
    5.3.2 概念层面的情境模拟加工 /084
    5.3.3 词义构建三角模型 /088

5.4 本章小结 /092

第6章 名词词义构建特征——自转型 /093

6.1 词义共振原理 /093

6.2 名词与动词和形容词两分 /097

6.3 名词的自转型意义构建 /100
    6.3.1 语义自足 /100
    6.3.2 义面轮转 /103

6.4 本章小结 /120

第7章 动词和形容词词义构建特征——公转型 /122

7.1 公转型意义构建 /122

        7.1.1 语义依赖 /122
        7.1.2 语义调整 /125
    7.2 动词公转型意义构建 /127
        7.2.1 动词语义密度 /128
        7.2.2 高密度动词 /131
        7.2.3 较高密度动词 /132
        7.2.4 中密度动词 /135
        7.2.5 低密度动词 /136
    7.3 形容词公转型意义构建 /139
        7.3.1 交集形容词 /140
        7.3.2 从属形容词 /142
    7.4 自转、公转的心理认知机制 /144
    7.5 本章小结 /146

第 8 章　结论 /148

    8.1 主要发现 /148
    8.2 对外语教学的启示 /152
    8.3 局限及未来展望 /154

参考文献 /158

本书主要术语 /179

图 目

图 2.1　生成词库理论对词语的描写框架　/034
图 3.1　基于同一基体的不同侧面凸显　/051
图 4.1　语义、概念、意义和词汇语义、词汇概念、词汇意义之间的联系与区别　/076
图 5.1　语言系统与概念系统先后加工的时间轴　/089
图 5.2　语言与情境模拟融合交互加工的时间轴　/089
图 5.3　词义构建三角模型　/090
图 6.1　名词性述义与关系性述义　/102
图 6.2　事物的分类　/111

表 目

表 2.1　词汇语义学理论发展框架（基于历史视角）　/019
表 2.2　词汇语义学理论发展框架（基于语义、概念、意义视角）　/020
表 2.3　"坐具"词汇场的分析　/024
表 7.1　"打"的不同语义　/137

第 1 章

绪　论

　　若聚焦于元音和辅音变化的研究，语言学只能成为声学和生理学的一个二级分支；若瞩重于语法衰弱现象的列举，语言学犹如创设一个大厦变成废墟的幻境；若隐匿于语言起源的模糊论后面，语言学只能沦为历史学的某个章节（Bréal 1897：1）。布雷阿尔（Bréal 1897：3）指出，语言学有更重要的问题需要研究，那就是"意义"。"意义"一直以来都是众多学科研究的圣杯，多少学者曾经为之着迷。贾肯道夫（Jackendoff 2002：267）在其专著《语言的基础：大脑、意义、语法和进化》（*Foundations of Language: Brain, Meaning, Grammar, Evolution*）中如是说：

> 懂得如何表达意义、如何思维，是人类本能意识中非常关键的议题。为何绝大多数人仅凭直觉就可以知晓意义？这是语言研究的中心议题，对这一议题的研究远比对形态、词序等细节理解重要得多。

　　若将贾肯道夫（Jackendoff 2022：267）提出的"为何绝大多数人仅凭直觉就可以知晓意义"的疑问映射到语言的词汇层面，即"为何语言学习者根据词典的词条释义，仅凭直觉就可以知晓其在使用语境①中的具体意义"？这就牵涉到词义问题。古希腊哲学家亚里士多德（1996）早在

---

① 语境，简单而言，就是语言赖以存在的环境。语境有狭义和广义之分，狭义的语境就是语言的上下文，而广义的语境则几乎涵盖所有对意义的构建和理解产生影响的各种因素，如主观与客观、语言与非语言、言内与言外、社会与文化、历史与现实等方面的因素。本书中所谓的语境，主要是狭义语境概念下的词组搭配语境或句子层面词语之间的关系语境。

《范畴篇·解释篇》中就提出辨别词语单义和多义的问题。以后，更有诸多视角聚焦类似词义问题，如指称论、意念论、行为论、语境论、使用论、语音论、语体论等，众说纷纭。但是，传统的意义研究框架终究未能辨别词语的规定语义与语境中词语的自然意义，未能认清自然意义含混与多变的固有属性（Hanks 2013；秦晓惠、张敬源 2017）。词义在诸多语言学流派的理论中一直都占据重要地位，是语言现象研究中的核心元素（Ogden and Richards 1923/2001；Ullmann 1957；Austin 1955/2012；Palmer 1976；Lyons 1977；Leech 1981；Sinclair 1991；Pustejovsky 1995；Blutner 1998；Lipka 2002；Halliday and Yallop 2009；Levin and Hovav 2005；Cruse 2011；Talmy 2012；Evans and Green 2015；Goldberg 2019）。尤其是近二三十年来，词义在不同语境中的创造性和动态性的使用，更成为国内外词汇语义研究领域的热点议题（Coulson 2010；Geeraerts 2010；Croft 2012；Pustejovsky et al. 2013；Taylor 2012，2017；Glynn and Robinson 2014；Wechsler 2015；Wang and Jiang 2015；李强 2016；宋作艳 2018；张韧 2018；黄洁 2018；等等）。

本章作为全书的绪论部分，主要介绍研究问题、术语界定、研究目标、研究意义和总体框架。首先，概述目前涉及词义问题的两种观点，通过列举语言事实，提出研究问题。其次，对书中涉及的三个重要术语"语义""概念"和"意义"，基于本研究理论框架做出简略界定。再次，简述研究目标和研究意义。最后，介绍全书的框架结构。

1.1 研究问题

词语是语言的基础，但是，在过去漫长的历史时期，相对于语法的高度规律性，词语常被比喻成"关押在监狱里无法无天的囚犯"（Altenberg and Granger 2002：3），而备受冷落。然而，正如英国语言学家威尔金斯（Wilkins 1972：11）所言："没有语法，人们能说的话很少；没有词语，人们一句话也说不出。"现实生活中人们无时无刻不在使用词语表情达意，但是，词义问题实则异常复杂，始终是一个令学界困惑的难题。墨菲和科斯凯拉（Murphy and Koskela 2016：1）在其专著《语义学核心术语》（*Key*

Terms in Semantics）中，开篇就以英语动词 eat 为例①，阐述词义的不可捉摸性。eat 这个单词看似简单，但于真实语境中审视，就会发现它具有诸多不同的意义。

（1） a. I *ate* a biscuit.

　　 b. I *ate* already.

　　 c. I had a car, but it *ate* too much fuel.

　　 d. I *ate* the cost of the defective software.

（Murphy and Koskela 2016：1）

（1a）中的 ate，是指"对饼干实施的系列动作行为，具体包括放进嘴里，咀嚼，然后吞下"。（1b）中的 ate，没有显在的实施对象，但是，依然可以猜测其对象是"类似一顿饭的东西"。因为假设有人问"Did you eat yet?"，我们一般不会因为吃了一块饼干，而回答"Yes，I did"，所以，此处的 ate 可以理解为 ate a meal。（1c）和（1d）中的 ate，均是隐喻性用法。（1c）将"汽车"的概念域投射到"人"的概念域，指这台汽车太"吃油"，ate 的意义相当于"消耗"；而在（1d）中不存在具体"吃"的动作行为，仅表示"（被动）承担费用"之意。那么，eat 的意义究竟是什么？似乎很难把握，但同时，我们又能感觉到这些意义在变异过程中始终存在一个主要的、基本的语义"吃"（Murphy and Koskela 2016：2）。确实，词义有芜杂多变的一面，但又有基本稳定的另一面。那么，究竟哪一面才是真正的词义？换言之，词义究竟是什么？是被语言社团所广泛接受、基本稳定的词典释义？还是使用中变动不居、纷繁复杂的语境意义？

也正因此，一直以来，学界对词义的理解存在两种几乎相悖的观点：第一种观点认为词义客观存在；第二种观点则质疑词义的客观存在性。首先，第一种观点又可分为两种截然相反的假设：固定意义假设（fixed meaning assumption）和模糊意义假设（fuzzy meaning assumption）。持固定意义假设的学者（如 Recanati 2004）认为，每个词都具有基本固定的意义，我们可以努力获取。词是思维的工具，有时我们发现思维混乱，那是因为我们用错了工具，犹如用螺丝刀开孔，用煤镐画木塞；词又是精确的工具，

---

① 本书所选用的例句主要来自学者们的论文或论著、CCL 语料库（荀恩东等 2016）、BCC 语料库、COCA 语料库，前者会有标注，后三者将不再一一标注。少量语料是基于语言直觉，是研究者本人的内省语料，这类语料一般结构相对简单，研究者相信自己的语感是可以信赖的。

我们应该小心谨慎且精准地使用它。持模糊意义假设的学者（如 Labov 1973；Aitchison 1987）则认为，每个词并不具有基本固定的意义，在我们的大脑词库中很难确定词条。词义不是栖息于石头上不动的海鸥，更不会如死虫子一般固定下来（Aitchison 1987：39）。相反，词义是"狡猾的家伙"（slippery customers）（Murphy and Koskela 2016：1）；词义犹如空中翱翔的鹰、水中游玩的鱼，我们根本无法抓得住它（Aitchison 1987：39）。总之，词义不可捉摸，即使连最简单的定义都很难确定（Labov 1973）。以上两种假设，确实均符合我们对语言的直觉，在语言使用中也具有客观现实性。一方面，我们普遍认为词汇语义应该具有相对稳定性，因为语言为有效交流服务，词汇必然要"携带"相对稳定的语义单位，这些稳定的语义单位由社会规约而形成，并且在特定的言语社团中被广泛知晓或统一认定。另一方面，词汇的意义本质上确实又具有易变性（protean）（Evans 2010：xi），在不同的语言使用环境中，词汇呈现出不同意义解读的现象非常普遍，这也是词汇意义的本质特征。但无论稳定或易变，持这一观点的学者们首先肯定了词义的客观存在性。

第二种观点则质疑词义的客观存在性，也可分为两类。一类学者认为孤立的词语没意义（Frege 1953；Atkins 1987；Nida 1997；Taylor 2006，2012）。尽管人们在经验层面一般把词语看作是语义的最佳载体或标签（Cruse 2011：83，87），但是，科学解释却常常超越普通人的直觉。哲学家弗雷格（Frege 1953）把词语比喻成用来建造高楼的砖，正如砖本身不是高楼，词语本身也没有意义，只有当诸多词语放在一起组成命题时，它们才具有意义，如命题 Snow is white 可以表示或真或假的真值条件，具有意义，但单独一个单词 snow 则没有意义。词典编纂学家阿特金斯（Atkins 1987）曾坦言，"我不认为词语具有意义"。翻译学家奈达（Nida 1997）也指出，词语在语境以外并没有意义。认知语言学家泰勒（Taylor）从 20 世纪 90 年代开始至今，一直都在试图消解词义（Taylor 1992，1996，2003，2006，2012，2017）。他曾明确指出，"探索一个词语的意义可能是徒劳的"（Taylor 2006：63），把 open、cut 等词条分析为具有一个或多个词语的意义是错误的（Taylor 2012：227），词语具有稳定意义的论断仅是一种幻觉（Taylor 2017），在细致分析后就会解体（转引自张韧 2018）。另一类学者也对词语本身具有意义持反对意见，但认为具有语义潜势（semantic potential）（Evans 2010，2016）或意义潜势（meaning potential）（Hanks 1994，

2013)。埃文斯(Evans 2010：21-22)提出，独立于语言使用的词语本身并不"携带"意义，意义不是词语的特征，甚至不是语言的特征。但是，词语①具有语义潜势。语义潜势是指语义成分具有大块非语言概念知识的潜在贡献，这些概念知识具有百科性，不存在于语言符号之内。汉克斯(Hanks 1994，2013)则提出，词语具有意义潜势。意义潜势是指语义成分具有对语篇或会话意义的潜在贡献。若某个词仅一个语义成分得到认知凸显，在语境中意义潜势就自动显化为意义，但更多时候，主要由语境决定哪一语义成分被激活，进而显现不同的意义。这里特别需要注意的是，埃文斯(Evans 2010：21-22)从认知语义学视角，认为语义本质上就是概念，因此他所谓的语义潜势其本质是对概念知识凸显具有潜在贡献；而汉克斯(Hanks 1994，2013)从语料库语言学视角，认为词语在使用环境中凸显的词义就是在该语境中的解读，而他所谓的意义潜势其本质是指对这种解读具有潜在贡献。但不论是否具有语义或意义潜势，持这一观点的学者均否认了词义的客观存在性。

从以上学者们所持词义的不同观点中，可以窥见词义问题的矛盾性和复杂性。本书认为，这种矛盾性和复杂性正体现了词义问题牵涉多个层面的本质特征。换言之，学界对于词义问题的各种不同观点，正因为他们是基于不同视角、不同层面的探究。那么，词义问题究竟涉及哪几个不同层面？它们之间又具有怎样的联系与区别？这是本书拟探究的首要问题，即词义是什么？也就是词义构建的主体是什么？

词义在具体语境中呈现出的多变性特征，在英语和汉语语言的实际使用中非常普遍。下文将再举一些此类例子，以示说明。

(2) a. She is a ***beautiful*** woman.

b. New England is very ***beautiful***.

c. Listen! The students are singing ***beautiful*** songs in the classroom.

d. That's a ***beautiful*** shot.

(3) a. 我们为伟大的祖国感到<u>骄傲</u>和自豪。

b. <u>骄傲</u>自大的人是没有不跌跤的。

c. 他不愧是中华民族的英雄和<u>骄傲</u>。

d. 自从他得了一百分之后，他多少有些<u>骄傲</u>了。

---

① 主要指类似名词、动词和形容词等开放类词(open-class vehicles)。

e. 使他多少有些**骄傲**的是，他得了一百分。（曹炜 2009：247）

例（2）各句中的英语单词 beautiful，众所周知，其相对稳定的词典释义为"美丽的；美好的"。但是，在不同句子语境中，beautiful 的意义却表现得迥然不同，如（2a）中的 a beautiful woman "美丽的女人"，其中所谓"美丽的"，可能指这位女性身材高挑匀称、气质优雅、面容姣好等形象外貌特征；（2b）中的 New England is beautiful "新英格兰很美"，其中所谓"美的"，可能指新英格兰这个地方原始质朴的自然风光、温煦的海风、迷人的海岸线、古雅的小镇等风景特征；（2c）中的 singing beautiful songs "唱着优美的歌曲"，其中所谓"优美的"，可能指柔美的旋律、触及人心的歌词、让人感觉舒服的嗓音等听觉感受；（2d）中的 a beautiful shot "精准的射击"，其中所谓"精准的"，可能指直击靶的正中间或击中所射击对象的要害部位等，强调的是射击者的技术擅长和娴熟程度。

又如汉语中的"骄傲"，根据《现代汉语词典》（下文简称《现汉》，第6版：648），"骄傲"具有三种语义：① 自以为了不起，看不起别人；② 自豪；③ 值得自豪的人或事物。但是，在具体的句子语境中，"骄傲"的意义则相对清晰明确，不会造成理解困难或麻烦。（2a）中，"骄傲"表示第二种语义，（2b）中，"骄傲"表示第一种语义，（2c）中，"骄傲"表示第三种语义。然而，对于这三个句子中不同意义的确认，学者之间有争议。王希杰（1996：155-160）认为，（2a）中，由于"自豪"是褒义词，受到它的语义影响，"骄傲"也仅含褒义；（2b）中，由于"自大"是贬义词，受到它的语义影响，"骄傲"也仅含贬义；同理，（2c）中，由于"英雄"是褒义词，"骄傲"也自然仅含褒义。但是，曹炜（2009：247）却指出，此种解释其实是一种误解，犯了形而上的错误。因为，若将（2a）、（2b）和（2c）中的"自豪""自大""英雄"均删去，各句中"骄傲"的语义也不会发生变化。而且，（2d）和（2e）中，没有相应的褒义或贬义形容词与"骄傲"相邻近，但是，我们依然可以理解，（2d）中的"骄傲"具有"自以为了不起"之贬义，（2e）中的"骄傲"则具有"自豪"之褒义。其中"究竟是什么在起作用？句式乎？抑或是人们的语言习惯？这些问题均有待于进一步观察和研究"（曹炜 2009：247）。本书基本同意曹炜的观点，"骄傲"在特定句子语境中的褒义或贬义释解，并不完全受制于邻近词语的褒贬之别，而是受到由整个句子所构建的特定情境的制约和影响。具体而言，（2d）（2e）这两个句子，虽然在语言表述和事件真值条件方面具有相似性，但是，结合生活经验可以知晓，这两个句子分别是基于言语者的不同情绪或不同情境之下的表达，（2d）句中说话者对"他得了一百分后的骄傲表现"这一事件带有"批评和指责"的主观评价，因此"骄傲"具有贬义；而（2e）句中说话者对"他得了一百分后的骄傲表现"这一事件带有"鼓励和赞赏"的主观评价，因此"骄傲"具有褒义。换言之，从语言理解的角度，听话人或读者对于特定语境中的词义的构建，其实质是模拟演练了说话人当时的情境而领悟得到的。但是，这种类似模拟演练的词义构建过程，在大脑的"黑匣子"中是否具有心理现实性？这是本书要重点探究的第二个问题，即词义构建过程具有怎样的心理现实？

下文再列举更多名词、动词或形容词的词义现象，它们在具体语言使用中均能构建出非常丰富的意义。

(4) a. 周末的下午，**图书馆**里还是有不少学生，有的在安静看书，有的在查阅资料，还有的在奋笔疾书。

b. 此外，利用先进的信息技术，中国国家**图书馆**正在大幅度提高信息网络化服务水准。

c. 现代公共**图书馆**在我国已历经了近百年的风风雨雨，绝不能让它在我们这一代走下坡路……

d. 虚拟**图书馆**是一个高智能、集成化、数字化、集多种文献载体于一身的信息资源保障系统。

(5) a. 当年，散装零卖的东西很多，印象最深的是小时候抱着瓶子到合作社**打**酱油。

b. 他自此陷入了情绪苦闷的怪圈，不仅经常**打**狗、骂狗，而且也不喜欢和他人交流了。

c. 列出至少两个答案，回答者只要在他认为对的地方**打**钩即可。

d. （姚明）既要在休斯敦火箭队**打**球，又要每年回国参加中国国家队的比赛。

(6) a. 蔡剑已不是从前的蔡剑，已是一位能吃苦、能劳动的**好**战士。

b. 我一个人在南京最繁华的街区里闲逛着，享受难得的**好**天气。

c. 时时魂牵梦萦的理想，就是把家乡由穷变富，让父老乡亲过上**好**日子。

d. 我想，倘有来世，我先要占住几项先天的优势：聪明、漂亮和一副**好**身体。

（7）a. Just then a heavy ***book*** slid off a stack I was carrying and crushed my little toe.

b. That antiquarian ***book*** is illegible.

c. The process of making ***book*** trailers requires students to select images representing the content.

d. Although he was a thoughtful man, he was not a reader. A long ***book*** daunted him.

（8）a. ***Bake*** one hour, or until potatoes are very tender and top is browned and bubbly.

b. ***Bake*** the cake until it puffs up a little and joggles only very slightly.

c. We might ***bake*** salt-dough tree ornaments, have a holiday tea party, or bring toys for charity.

d. ***Bake*** macaroons 10 to 12 minutes or until just firm.

（9）a. He wanted to participate in the seminar, as he felt ***safe*** now.

b. Generally vaccines are ***safe***, including MMR, which contains only a negligible quantity of egg ovalbumin.

c. Now, however, we can think of nothing but our ***safe***, comfortable beds at home.

d. … monitoring the children's behaviors to ensure that the children were engaging in ***safe*** activities.

上述各例中，例（4）各句中的名词"图书馆"，分别凸显了图书馆不同的角度和侧面。（4a）凸显图书馆的"场所"特征，（4b）凸显"机构"特征，（4c）凸显"工作人员"特征，以及（4d）凸显"数字化形式"特征。例（5）各句中的动词"打"，在与不同的宾语相结合的语境中，其意义的变化则更加大相径庭。如"打狗"和"打钩"，"打狗"可能需要用石头或木棍，狗被打之后可能会逃跑或大声狂叫，甚至会反咬打它的人，总之，"打狗"的场面很混乱，甚至有些恐怖；而"打钩"则完全不同，施动者只需拿起笔来轻轻一勾即可完事，诚然，也可能这一"钩"会涉及极其重要的关键问题，但无论如何"打钩"的过程总是简单轻松的。例（6）各句中的形容词"好"，其意义在不同语境中呈现出多变性和不定性，如"好战士"是指"人的品质优秀，尤其在战士这个职业品质方面表现优秀"，"好天气"是指"天气晴朗，适合人们出行、散步等"，"好日子"是指"人们可以过上安稳、踏实和满足的生活的日子"。例（7）各句中的名词 book "书本"，在不同的搭配语境中也凸显了 book 不同的角度和侧面，如（7a）凸显 book 的"物质性"特征，（7b）凸显"书写"特征，（7c）凸显"内容"特征，（7d）则凸显"阅读时间"特征。例（8）各句中的动词 bake，虽然语义都可解释为"烤，烘烤"，但"烤土豆"和"烤蛋糕"的"烤"的方式却并不相同。一般认为，"烤土豆"的过程是一个由生至熟的烘烤，并未产生新物质，而"烤蛋糕"却是一个新事物（蛋糕）产生的过程，因此，两个 bake 在特定语境中的意义是不同的。例（9）各句中的形容词 safe 虽然语义都可以解释为"安全的"，但是，其体现的安全性和所感觉安全的施动者或受动者都不尽相同。（9a）中的 he felt safe "他感觉安全"，指的是"他内心感觉自己处于安全状态中，不会受到危险的干扰或威胁"；（9b）中的 vaccines are safe "疫苗是安全的"，并不是指"疫苗本身是安全的"，而是指"疫苗对于人的健康来说是安全的，不会对人体产生危害"。从以上各词义分析的表象来看，似乎同一个词语的语义在实际使用中可以变成形形色色的意义，完全没有规律可循。但词义本质上真的变化无常吗？抑或仍具有一定的规律可循？这是本书要探究的第三个重要问题，即词义构建具有怎样的规律性特征？

综上所述，本书主要聚焦于语言使用中的词义构建问题，探究词义构建的主体是什么，词义构建具有怎样的认知心理现实，以及词义构建是否依然具有一定的规律可循，这个规律性特征是什么。简言之，本书主要研究语境中词义构建的主体、过程和规律性特征，以期通过对这些问题的深入思考，回答词汇语义学领域一直悬而未决的意义问题。

此外，有一点需要特别说明。传统词义研究中，有一对非常接近但又不尽相同的术语：多义词和词的多义性。墨菲（Murphy 2010：29）曾经指出，shoe "鞋子"可以用作名词，指"一种能保护脚的物体"；可以用作动词，指"把鞋子穿上"；还可以用作名词，指"刹车设备的一部分"；也可以用于习语 put yourself in someone else's shoes 中，指"处于某种处境中"。如此这般具有多种语义的词就是多义词。而词的多义性，是指即使词处在相同语义的情形下，于不同语境中依然可以构建出不同的意义。如 good 在 a good car、a good knife、a good meal、a good paper 四个短语中，其语义均指"好"，表示对事物的积极评价，即"一辆好车""一把好刀""一顿好饭""一份好报纸"。但是，这四个"好"在具体搭配使用中的意义却大相径庭，如"一辆好车"，可能指"这辆车的发动机性能好，驾驶体验佳，乘坐舒适度高"；"一把好刀"，主要指"这把刀切起来锋利，用起来结实"；"一顿好饭"，则是指"饭菜品种丰富，色香味俱全，合乎吃饭人的胃口"；而"一份好报纸"，可能指"这份报纸的报道及时且真实，适合读者口味，引发读者思考"。由此可观，good 与不同的名词结合，其意义就会呈现出多义性。吉拉兹（Geeraerts 2010：15）也曾提到过类似语境触发的、典型的词汇多义性现象。如 corn 其本义表示"各种各类的谷物"，是一个总括词，但是，在具体语境中究竟指称何种谷物，则取决于不同地区所种植的主要谷物。具体而言，corn 在英格兰专指"小麦"，在苏格兰专指"燕麦"，在美国则专指"玉米"。以上两类词义现象其实并非泾渭分明，两者之间可以相互转化，尤其是当词语的某种语境意义经常出现，达到一定频率，便会固化（entrench）为特定规约性的语义，成为多义词中的又一稳定语义。本书在此不区分多义词和词的多义性问题，仅将类似这样的词义现象分别作词汇语义（lexical semantics）和词汇意义（lexical meaning）①的区分，即在语言层面已经固化的、相对稳定的基本词义称为词汇语义，词汇语义一般都能在词典中找到其词条释义，具有客观性；在具体语言使用中临时解读或构建的过程称为词汇意义，词汇意义本质是一种认知心理构建过程，具有主观性。基于此，以上例子中的 shoe 表示"鞋，一种能保护脚的物体"，是其词汇语义，而在具体使用中 shoe 的其他意义的构建过程称为词汇意义；同理，good、corn 的词汇语义分别是"好的"和"各种各类的谷物"，而基于特定语境的其他意义解读过程统称为词汇意义。

1.2 术语界定

语义、概念和意义是词汇语义学研究领域中的三个常用术语，关于三者之间的联系与区别问题，学界颇有争议。而在实际使用中，学者们也常有混淆，甚至将三者相提并论，交替互用。本书认为，语义、概念和意义三者之间确实具有关联性，但是它们也相互独立、相互区别，具有不同的本质内涵。这三个术语贯穿全书，是本研究探讨词义构建问题的基础，因此，在此先对它们进行简略界定，并适当举例明示。此外，关于学界中争

---

① 关于词汇语义和词汇意义的区分将在第四章详述。

论较多的语义与概念是否等同、意义的静态观与构建观以及概念和意义的百科知识性这三大问题，拟在第四章中展开深入探讨。

语义，即 semantics（或 semantic content），是语言表达式所交流传达的内容（Murphy and Koskela 2016：3）。作为语言符号结构的一个基本要素，语义与语音紧密结合，互相依存。因此，语义属于语言范畴，是语言交际社团所广泛接受的、具有规约性的、基本稳定的词典释义。如上文提到的"骄傲"在《现汉》中具有三种语义，shoe 表示"一种能保护脚的物体"，good 表示"好的"，corn 表示"各种各类的谷物"等，都是词语的语义。

概念，即 concept，是人类对感知事物所具有的属性及情感体验加以概括而形成的图式化的心理知识。概念的本质具有对经验进行统一编纂（codification）的能力（Cruse 2011：53）。如我们都有看到过各种"猫"的经验，不同的猫具有有不同大小、颜色、斑纹，在不同环境下猫会表现出不同行为、表情，甚至情绪。然而，我们在感知这些形形色色猫的具体个体的同时，都会将它们归为同一个"猫"的概念范畴中，这种关于各种猫的图式化的心理知识，就是"猫"的概念。因此，概念属于思维范畴，是大脑认知的后台信息。

意义，即 meaning，是概念化（conceptualization）（Langacker 2008：30），即形成概念的过程。意义是语言使用过程中的一种心智活动或识解操作（construal operation）过程。因此，意义是一种心理构建过程，这种构建过程的本质是基于具体语境中的概念的适当解读，是对概念图式知识中某一方面的选择或凸显。因此，意义属于使用范畴，具有与语境共变的特征。如上文提到的 beautiful 在不同句子语境中的各种解读，包括"身材高挑的美丽（女人）""风景秀丽的美好（景色）""旋律优美的（歌曲）""精准的（射击）"，以及"图书馆"的不同角度和侧面的解读，"打狗"和"打钩"中"打"的不同实质动作的解读等，都属于词语的意义。

概念和语义有联系也有区别：概念经语言编码并通过词汇化就变成相对稳定而明晰的语义，因此概念是语义的来源和基础，语义有赖于概念来反映世界之事物或现象，正如墨菲（Murphy 2010：38）所言，我们使用的是词语（语义），相互交流的却是概念。概念表现为芜杂而开放的心理图式知识，而语义却表现为稳定而惯常的语言知识。概念和意义也有联系和区别：概念具有离线抽象性，意义具有在线具象性，在线具象的意义构建是离线抽象的概念形成的过程，而概念一旦形成则可以成为新的意义构建的基础。因此，虽然概念和意义均通常建基于个人的生活经验或特定环境，但概念具有相对稳定性，而意义具有动态性；至于语义，其内容往往简洁、凝练、被语言社团所广泛接受，具有规约性。由此可观，语义、概念和意义三者之间，既有联系，又有区别，不能完全混为一体。

1.3 研究目标

词汇语义研究是现代语义学研究的重要内容，传统的词汇语义研究主要局限于词的语义、词义关系、词义演变、多义词等方面，方法大都采用成分分析（componential analysis）的语义成分表征原理。如早期的卡茨和福德（Katz and Fodor 1963）提出语义成分分析法，采用语义标记（semantic markers）和区别性特征（distinguishers）对词语语义进行表征；结构主义语义学时期的魏尔兹比卡（Wierzbicka 1996）提出自然语义元语言理论（Natural Semantic Meta-language Theory），采用语义基元（semantic primitives）对词语进行化简释义；贾肯道夫（Jackendoff 1983，1990）则建立了概念语义（Conceptual Semantics）理论，采用概念基元（conceptual primitives）对词语概念进行表征。以上词汇语义表征的方法或理论的前提，都认为语义基元或概念基元是相对稳固的语义或概念成分，而且较大语言成分的整体语义或概念可由较小语言成分的语义或概念相加整合而成，这样的研究方法无疑充满着理想主义色彩（Evans 2010：6），并不能真正解释语言使用中的词义问题，在遭遇很多诘难后告终。本书基于具身认知（embodied cognition）、百科知识意义观（encyclopaedic view of meaning）、意义构建观（meaning construction）和基于使用的假设（usage-based hypothesis）等认知语义学理论视角，主要从以下三个方面展开研究。

（一）区分词义的三个层面：词汇语义、词汇概念（lexical concept）和词汇意义。基于语义、概念和意义三者之间的联系与区别，并把这三者映射到词汇单位，便分别得到词汇语义、词汇概念和词汇意义。将语言层面相对稳定的词汇语义和语境中动态的词汇意义相互甄别，并提出认知思维层面的词汇概念，探究词汇概念的两极性、包容性和选择趋向性特征。同时指出，词义的三个不同层面又是词义构建的三大主体。

（二）结合心理学的研究成果，即语言与情境模拟理论（Language and Situated Simulation Theory），探究词义构建在我们大脑中的认知心理现实基础，并尝试构筑词义构建三角模型。语言与情境模拟理论的基本假设是，人类在概念加工过程中，认知系统发展出灵活的双加工机制，即表层的语言加工机制和深层的情境模拟加工机制。本书基于该理论中这两种加工方式的相互作用，对语境中词义构建的心理路径和过程进行阐析，并构筑词义构建三角模型。

（三）探究名词、动词和形容词三类主要实词，在语言使用中意义构建的规律性特征。词汇意义虽然具有动态多样、繁复芜杂、与语境共变的特征，但是，词语在具体语境中的意义构建过程也并非完全随意自由，词语之间首先相互选择、互为语境，并受词义共振原理的制约和统辖。因此，词汇意义构建也并非杂乱无章，不可研究。以金兆梓（1955）提出的"体"和"相"的词类两分，亚里士多德（1996）的本源和他源的范畴两分，以及兰盖克（Langacker 1987）的名词性述义和关系性述义的词性两分为理论框架，本书将现代语法体系中的三大主要词类——名词、动词、形容词，分别归为两大类，即名词为"体词""本源"或名词性词，动词和形容词为"相词""他源"或关系性词①，试图梳理出这三大词类在不同语境中意义构建的主要规律性特征，并进行分类详细阐述。

以上三个方面，逐层展开，层层深入。以词义三个层面为基础，提出词义构建的主体；基于构建主体，阐析构建的认知心理过程，提出词义构建三角模型；基于构建的过程和三角模型，分类讨论三大词类的意义构建规律性特征。通过三个方面的探究，试图解决上文1.1中提出的三个研究问题：词义构建的主体是什么？词义如何构建？词义构建有何规律性特征？

1.4 研究意义

通过以上词义构建三个方面的探究，本书具体的研究意义主要体现于词汇语义学理论和实践教学两大方面，而理论意义又可细分为四个方面。因此，本书的研究意义主要有以下五个方面。

（一）厘清语义、概念和意义之间的联系与区别，提出词义具有词汇语

---

① 本书在第六章将详述关于名词性词和关系性词的内容，并且指出，名词性词主要是指传统语法中的物质名词，而关系性词主要是指传统语法中的动词和形容词。由于传统语法更易被理解和接受，下文仍用名词、动词和形容词等传统语法术语。

义、词汇概念和词汇意义三个不同层面，该观点的提出是由其背后的研究历史模式使然，是顺应词汇语义研究发展而来的必然趋势，可以成为构成相互连接的词义理论研究历史发展线索的暂时端点。传统词汇语义学研究通常将语义和意义等而视之，使用相对随意，其关键原因是意义问题的静态观；而传统认知语义学提出意义的构建观后，又将语义看成是概念的一部分。语义、概念和意义三者之间的联系与区别始终未能很好地梳理清楚。本书通过缕析词义理论发展的视角变化，批判吸收了前人的研究成果，提出语义、概念和意义相互联系又相对独立，并在此基础上提出词义的三个层面，这三个层面又是语境中词义构建的三大主体，这是顺应词义理论历史发展的必然选择。

（二）从认知心理角度阐释词义问题，并利用心理学研究方法为理论思辨提供重要客观证据，这是对传统词汇语义、语境意义研究的突破。早在19世纪历史语文语义学（Historical-Philological Semantics）时期，当时的意义观在两个层面上均基于心理取向。首先，意义是一种观念或意识的心理实体。布雷阿尔（Bréal 1897）提出语言使思维客观化，词汇意义与反映和构建经验的认知功能相连接；认为语言是对现实的转译，是一种变换，世界事物只能通过思维的归纳和分类，并借助语言这个中介物来呈现。总之，语言意义与范畴化相关，植根于人们对这个世界的经验中。其次，意义的变化可解释为心理过程的结果。论及意义的多变性问题，布雷阿尔（同上）也提出，神秘的语言演变不完全是语音衰变和词尾脱落的作品，人类思想的积极努力，正是要从被限制的形式中解放自己，试图加以修改并经常转向。因此，人类精神的推动力是语言意义变化在心理机制层面的基本因素。换言之，正是由于人们尝试尽可能准确地、满意地表达自己的思想和意义，语言才发生了变化。历史语文语义学时期的意义观是除认知语义学之外唯一具有心理取向的意义观。以后的结构主义、生成语义学都试图抛开意义观中人的因素，而着重于语言符号与语言符号之间、语言符号与世界知识之间的意义解释和语义描写。本书基于意义构建观等认知语义学理论视角，并利用现代心理学的研究成果——语言与情境模拟理论，对语境中的词义问题进行认知心理层面的探究，这是对历史语文语义学意义心理取向的回归，更是对传统词汇语义学理论研究的突破。

（三）词义构建三角模型构造，在词汇语义学研究领域尚属首次，具有重要的理论价值。传统的词义问题研究对于词汇语义的描写是从单纯的词语知识到词语知识加上概念知识，再到纯粹概念知识的过渡，或从对单个词义的注释，到聚合关系中词义系统的对比释义，到组合关系中词义组合的搭配释义，从完全脱离语境到逐渐涉及语境问题，再到完全语境浸入式的词汇意义研究。但无论如何演变都基本遵循形式化的词汇语义描写的研究模式，尤其在生成词库理论时期完全体现出形式化、组合性和生成性的特征。本书从认知心理学研究视角，通过深入擘析词汇意义构建过程中的语义加工、情境模拟加工以及语言与情境模拟融合交互加工的过程，提出语境中词义构建三角模型，回答了贾肯道夫（Jackendoff 2002：267）提出的"为何仅凭直觉就可以知晓意义"的心理路径问题，对现代词汇语义学研究发展具有重要的理论价值。

（四）对名词与动词和形容词在语言使用中意义构建的规律性特征阐释，促进我们对语言意义本体认知，具有重要价值。语境词汇意义的解读向来被认为变动不居、不可捉摸，似乎很难寻求其规律。自然语言处理的最大障碍也就是计算机无法识别、解读这动态的、多样的词汇意义。然而，本书基于词义构建的理论模型发现，词汇意义虽然具有易变性、动态性和语境依赖性，但其实质是万变不离其"宗"，即"名词围绕自身义面轮转之宗""动词和形容词围绕名词调整自身语义之宗"。这一规律性语言现象的发现，使我们对于名词与动词和形容词之间的关系找到了一个新的观察视角，对于词语语义本体的理论描写充分性具有重要价值。

（五）上述对于词义构建的理论研究成果，将对词汇教学实践及辞典编纂具有启发和指导意义。如何根据相对稳定的词典释义，在特定语境中对目标词语做出恰切的意义解读，这是词汇学习过程中最常见的基本问题，更是学习一门外语必须经历的一个艰难但又至关重要的环节。本书的研究发现对于这个学习过程具有启示作用。第一，词汇语义是词义在语言层面的体现，更是语境词义构建的始端，启示词汇学习中掌握词语基本语义或词典释义的重要性。第二，词汇概念是词义在概念层面的体现，更是词义构建过程中从词典释义到语境意义解读之间通达的必需的认知后台信息，而词汇概念其本质就是词语在语境构建中留下的意义足迹的记忆，是经过多次使用事件而抽象出来的心理图式知识，启示词汇教学中应该注重词语在语篇中的实际运用以及真实语境的创设等，帮助学生积累词汇概念信息，打通词义构建的路径，使学生能够真正掌握词汇，做到准确解读、精准输出。第三，词义构建路径中的心理情境模拟过程，一定程度上可以揭示外语与二语学习中，词汇学习过程的根本区别。在外语学习环境下，学习者经常会遭遇如此情况，通过词典已经知晓特定词语的语义，在语篇阅读中也能做出适当解读，但是，在口语交流或书面写作过程中却很难准确输出。本书认为，其中的主要缘由是，学习者若缺乏与该词语相关的亲身体验的感知经历，即相应的概念知识，认知过程中将无法模拟出类似情境，无法模拟情境导致无法完成从该词语的语义到意义的正常通达路径，自然很难做到准确输出。相反，在二语学习环境下，学习者由于身处即时的语言生活环境，可以根据词汇语义进行相应的心理情境模拟，能够顺利进行情境模拟就能够完成从语义到意义的通常构建路径，这为未来准确输出打下了扎实基础。因此，情境模拟是语言学习的重要心理过程，尤其是词汇学习过程中的一个至要环节，非常值得我们研究和重视。第四，名词意义构建的自转型以及动词和形容词意义构建的公转型规律，也有助于学习者理解语言形式与意义之间的本质联系，加深对于语言意义的本体认识。第五，本书中关于词义问题的研究成果可以为词典编纂的某些方面提供理论支撑。如词典中词条释义和举例时，可以增加词汇实际使用的例句信息，或通过链接增设真实的篇章信息等方式，让学习者在查阅词典经典释义的同时，也能够更多地获取真实、典型语境的概念信息，帮助学生建立词汇概念结构，提高词汇理解和运用能力。

总之，词义问题的研究犹如流沙、泥潭和黑洞，本书的探索仅是对这一领域的一次初步尝试和涉足。但正如福科尼耶（Fauconnier 2001：267）指出的，语言研究的重点就是意义的构建过程，本书对词义构建过程的研究具有以上提到的这些理论价值和实践意义。

1.5　总体框架

本书共包括8章。

第1章为绪论部分。介绍研究问题，界定重要术语，并提出研究目标、研究意义和总体框架等。

第2章是对相关研究问题的理论发展进行回顾和评述。该章节围绕语义、概念、意义三个关键词，回顾并梳理词汇语义学主要研究理论和研究方法的发展脉络。同时提出，前期传统的词汇语义研究主要侧重语言结构内部的语言符号之间、语言符号与世界知识之间的词汇语义的描写方法和理论构建，而现代认知语义学则关注词汇意义的认知心理取向，即关注语言使用与人的认知心理之间的关系。基于文献回顾，本书进一步提出，前期传统的认知语义学理论更强调意义构建的非语言机制，如心理空间理论和概念整合理论等，即"后台认知"（backstage cognition）的意义构建模式，而本书则以认知机制的"前台方法"（front-stage approach）为切入点，对词义从语言、概念和意义三个层面之间的关系视角进行词义构建的认知研究。

第3章是对本研究的理论基础进行述介。本书以认知语言学理论为研究框架，其主要的理论主张是通过语言分析发现认知规律的识解操作。但是，认知语言学不像以往的理论流派具有一个统一的理论框架，而是在同一理论假设指导下的具有不同理论主张和研究方法的事业（Evans 2016）。因此，认知语言学就像一个美丽的群岛，而其中的具身认知、百科知识意义观、意义构建和基于使用等语义理论假设就像是散落其中的众多岛屿，每个岛屿都有不同的美丽风景，整个群岛构成了丰富多样、多姿多彩的认知语义学理论的美丽画卷（Geeraerts 2006a）。该章将详述与本研究密切相关的以上四个理论假设，作为本研究的理论基础。

第4章至第7章是本书的主体部分。第4章提出词义问题涉及三个层面，即语言层面的词汇语义、概念层面的词汇概念和语言使用中的词汇意义，析述词汇概念、词汇语义和词汇意义之间的联系与区别。第5章阐析词义构建的语言加工和情境模拟加工的心理认知过程，并提出词义构建三角模型。第6、7章，分别探究语境中名词与动词和形容词意义构建的规律性特征。换言之，本书的第4至第7章将深入阐述本研究中提出的三个问题：词义构建的主体是什么？词义如何构建？词义构建有何特征？

第8章为结论。该章概括本书的研究发现，并简述本研究的理论成果对于词汇教学和词典编纂过程中的理论启示和指导功能。同时，指出本研究的局限性，并对未来研究进行展望。

第 2 章
词义研究概观

本章综合评骘前贤和时人对词义问题研究的历史与现状,主要分为两大内容:一是对历史和现状的回顾;二是对已有研究的评述,并提出本书的研究视角。回顾部分拟以语义、概念和意义三个关键词为主线索,提出已有的词义研究从侧重于语义视角,逐渐过渡到语义与概念视角,而目前流行的认知语义学则注重概念与意义视角。简言之,前人主要是从一个点(即聚焦于"语义")或两点成一直线(即聚焦于"语义—概念"或"概念—意义")的关系视角进行词义问题的探究,但是,前者忽视了人的主观能动性,而后者忽略了语言本身作为一个相对独立系统的功能作用。基于文献综述,本书提出,词义问题实质牵涉三个不同层面,即语言层面、概念层面和意义层面,我们应该从"语言—概念—意义"的三角关系视角中探寻词义构建问题。

2.1 词义研究回顾

吉拉兹(Geeraerts 2010)在其专著《词汇语义学理论》(*Theories of Lexical Semantics*)中,对西方词汇语义理论研究线索进行了梳理。他主要以语言学理论发展为主线,将词汇语义学分为五大理论框架,即历史语文语义学、结构主义语义学、生成语义学、新结构主义语义学(Neostructuralist Semantics)和认知语义学。历史语文语义学时期主要侧重原子主义,注重对单个词例的释义;结构主义语义学强调语言是一个相对独立的系统,利用其内部的语义成分对词汇语义做出化简释义,其中包括结构主义语言学时期的词汇场理论（Lexical Field Theory）、语义成分分析法和关系语义学（Relational Semantics）；生成语义学强调的是语义的生成性，主要指卡茨语义学（Katzian Semantics）；而后期发展起来的自然语义元语言理论、概念语义学、双层语义学（Two-Level Semantics）、生成词库（Generative Lexicon）理论以及由关系语义学发展而来的词网（Word Net）、词汇功能范式（Lexical Function Paradigm）、语料库分布分析范式（Distributional Corpus Analysis）等都被统一收入新结构主义语义学的"垃圾桶"中。本书基本同意吉拉兹（Geeraerts 2010）的分类标准，但是对于将后期发展的语义学理论和方法统一收入新结构主义的分类方法具有不同看法。本书认为，自然语义元语言理论以及词网、词汇功能范式、语料库分布分析范式等分别是基于结构主义语义学中的语义成分分析和关系语义学原理，前者（自然语义元语言理论、词网、词汇功能范式、语料库分布分析范式）都是后者（语义成分分析理论和关系语义学）的延续和进一步发展，因此将它们归于结构主义语义学更为合适。而概念语义学、双层语义学、生成词库理论侧重通过概念知识或概念与语义双层、概念组合等语义生成机制对词汇语义进行描写的方法，因此归于生成语义学更为合适，具体见表2.1。

表2.1 词汇语义学理论发展框架（基于历史视角）

语义学时期	语义学研究理论和方法	语义研究理念
历史语文语义学	注重对单个词例的释义	基于原子主义观点
结构主义语义学	词汇场、语义成分分析、关系语义学、自然语义元语言、词网、词汇函项范式、语料库分布分析范式	基于语言是一个相对独立的自治系统观点
生成语义学	卡茨语义学、概念语义学、双层语义学、生成词库理论	基于语义具有形式化、组合性和生成性特征观点
认知语义学	原型理论、隐喻、转喻、心理空间、理想化认知模型、语义框架、概念整合	基于语言与人的认知能力相关性观点

以上如此的分类方法，其实在吉拉兹（Geeraerts 2006b：387）的论文集《词与其他惊奇：关于词汇和语义话题的论文》（*Words and Other Wonders*: *Papers on Lexical and Semantics Topics*）中也有提及。他提出，更严格意义上说，概念语义学、双层语义学和生成词库理论可以被称为"新生

成语义学"（Neogenerativist Semantics），而其余的可以被称为"新结构主义语义学"（Neostructuralist Semantics）。本书与其略有差异，将新生成语义学和新结构主义语义学均归入相应的结构主义与生成语义学，如此可以凸显这些理论研究背后机理的相同或相似性，并且这也是本书研究目标的需要。吉拉兹（Geeraerts 2010）概述词汇语义研究历史线索的主要目的是能够深入阐述其关于认知语义学的系列观点，而本书对词汇语义学理论发展进行梳理的目的，与吉拉兹（同上）有相似之处，但也有不同。相似之处在于，通过概述前人词汇语义研究的理论和方法，意在阐明本研究所采用的研究理论和视角的历史背景，强调本书倚仗的理论和视角并非突发奇想，而是由其背后的研究历史模式使然，是顺应词汇语义研究发展而来的必然趋势。亦然，本书的研究理论和视角也仅是构成相互连接的历史发展线索的暂时端点。不同之处在于，本书对前理论研究的梳理并非基于历史视角，而主要基于研究对象视角，因此，本研究对以上这些词汇语义理论的分类与吉拉兹（Geeraerts 2006b，2010）均有所不同，主要基于语义、概念和意义三个关键词进行分类阐释。具体而言，结构主义语义学可理解为主要基于语义的研究方法，生成语义学可理解为主要基于语义和概念之间纠结的研究方法，而认知语义学的研究方法则更侧重概念和意义之间的联系。囿于本书的研究框架，上文的表2.1被适当调整后成为表2.2。

表2.2 词汇语义学理论发展框架（基于语义、概念、意义视角）

研究对象视角	语义学时期	语义学研究理论和方法
语义视角	结构主义语义学	词汇场、语义成分分析、关系语义学、自然语义元语言、词网、词汇函项范式、语料库分布分析范式
语义和概念视角	生成语义学	卡茨语义学*、概念语义学、双层语义学、生成词库理论
概念和意义视角	认知语义学	理想化认知模型、语义框架、心理空间和概念整合

表2.2中，需要特别强调的是卡茨语义学。在1963年，卡茨和福德（Katz and Fodor）发表论文《一种语义理论的结构》（"The Structure of a Semantic Theory"），文中首次将语义成分分析的方法引入生成语法中，以后由卡茨（Katz 1966，1967，1972，1977，1981）发展起来的卡茨语义学，

不仅关注形式语法框架中的语义描写,也对意义的心理现实性格外重视,强调语言使用者具有解释各种话语、知道某一解释是否异常的能力。就这一角度而言,卡茨语义学也是基于语义和意义生成视角的。但是,由于当时主流的生成语法始终认为只有句法才具有生成性,语义只有解释性,所以对语义基本保持一种限制和挤压的立场,这种心灵主义取向的语义研究方法并没有被延续,而是很快被扼杀,因此,本书不对其进行深入阐述,但是其对后期生成语义学的影响异常深远。另外,词网、词汇功能范式、语料库分布分析范式均是由结构主义时期的关系语义学发展而来,它们主要涉及计算语义学、大型语料库等研究方法,与本书的研究思路没有太多关联,因此下文也将不再涉猎。下文将基于表2.2的理论发展框架对重要的词汇语义研究理论和语义描写方法进行详述。

在此还有一点需要特别强调,本书的综述主要是基于语言学理论发展的大框架下对于词义描写方式的视角考察,因此主要以西方词义理论发展为重。而事实上,国内也有诸多学者对词义问题进行过深入探讨,这些研究成果主要是基于西方词义理论发展的大框架下的词义现象或具体词例的考察。例如,基于结构主义语义学理论框架,刘叔新(1980)探讨了同义词和近义词的划分,贾彦德(1981,1982a,1982b,1986,1992)的系列研究提出了一套比较完整的、符合现代汉语实际的词义成分分析的程序和方法论;符淮青(1980,1982a,1982b,2006)则在批判吸收西方词义成分分析法的基础上,凝练出一种适用于现代汉语词语的词义成分分析法,即词义成分——词义构成模式;王文斌、周慈波(2004)则深入探讨了英汉两种语言中的"看"类动词的语义核心、语义成分、语义容量及词化偏爱等问题。基于生成语义学框架中的生成词库理论,袁毓林(2014),李强、袁毓林(2015),李强(2014,2015a,2015b,2016,2017,2018)等根据普斯特耶夫斯基(Pustejovsky 1995,1996,Pustejovsky et al. 2013)提出的名词物性角色描写框架,对汉语名词词义描写相关的问题进行系列研究;宋作艳(2010,2011,2013,2014,2015,2016,2018)则主要聚焦于生成词库论中的语义组合机制如事件强迫和逻辑转喻等理论,对汉语中的类词缀、名词动用等相关问题进行系列研究。基于认知语义学框架中的隐喻、转喻理论,蔡龙权(2004),林正军、杨忠(2005),李瑛、文旭(2006),王文斌(2007)、刘志成(2014)等均提出一词多义现象多半是受隐喻、转喻或隐喻和转喻共同作用而生成;廖光蓉(2005a,2005b)则从原型范畴理论出发,认为一个多义词构成是由范畴原型裂变而来;王文斌(2015)则以汉语动词"吃"和英语动词 make 为例,提出一个词之所以会催生多种词义,其主因多半在于人们在观察客观事物时所发生的图形与背景的转换。王文斌(2009a),朱彦(2016),张金生、孙冬阳(2017)还从意象图式的角度阐释词汇的多义性问题,认为意象图式对多义体系范畴化具有驱动作用。以上诸多对词义问题研究的成果,对现代汉语词义的描写和刻画起到了重要的推进作用。但是,他们的研究主要侧重运用西方词义理论,来解决汉语实际问题或英汉语词义对比问题,本书在综述中不专列详述,但是在下文具体研究问题的探讨中若有涉及,会做相应的文献回顾。此外,词汇语用学(Lexical Pragmatics)领域对于语境中词义问题的研究,以及新近学界提出的关于"语义图式"的观点是对词义描写的一种新视角,本章在评述的最后部分将对它们进行大致的梳理和综述。

2.1.1 语义视角

所谓语义视角,是指词汇语义研究侧重语言系统内部词语与词语之间的关系进行语义释解的视角。20 世纪 60 年代,结构主义的思维方式是词汇语义研究创新的主要灵感所在。结构主义的核心思想是,语言不是一堆散落的词语,而是一个相对独立的自治系统,系统性是语言的最本质特征。而处于语言系统中的某个词语的特征,要基于与系统中的其他词语的关系来体现该词语的特征,这犹如国际象棋,棋子"兵"和"车"的功能价值,不是由其自身决定,而是取决于棋赛规则中它们与别的棋子之间的关系。一个词语的语义价值,也不是由其自身决定,而是取决于相关词语组成的整个词汇场的结构,取决于相关词语与别的词语之间的关系。此时,语义描述的重点从历时视角的个别符号上转移到共时视角的整体系统中的关系上,正如莱昂斯(Lyons 1968:443)所指出的,某词语的语义依赖且等同于该词语与同一系统中其他词语之间的关系集合。

2.1.1.1 词汇场理论

1927 年,德国语言学家维斯格贝尔(Weisgerber)发表论文《语义理论:语言学中的错误方向?》("Die Bedeutungslehre—ein Irrweg der Sprachwissenschaft?"),文中指出,词语不是与某一特定心理内容或客观现实相联系的语音串,而是语音和语义合为一体、牢不可破但又可解析的一个整体(转引自 Geeraerts 2010:49)。词语的语义是其固有的一部分,是语音的功能体现,语义必须被界定为语言或语言系统的一部分,一个词语的语义价值应该取决于相关词语组成的整个词汇场的结构。而所谓词汇场，就是指语义上相关联的词语的集合。这些词语的语义相互依存，它们共同为某一现实域提供语言结构。语言结构组成精神和世界之间的中间层，如果说现实是由实体和事件组成的空间，那么语言就在这个空间里切分。词汇场理论的思想直接来源于维斯格贝尔（Weisgerber 1927）所持的以上立场。

在词汇场理论历史中，最有影响的是特里尔（Trier 1931）的专著《智能意义域中的德语词汇：语言场的历史》（*Der Deutsche Wortschatz im Sinnbezirk des Verstandes: Die Geschichte eines sprachlichen Feldes*）。在这部专著中，特里尔（Trier 1931：3）认为，孤立地研究词语是不合适的，词语应该放在与其语义相关的词语关系中研究——"划分"（demarcation）永远是相对于其他词语之间的划分。特里尔（同上）借用马赛克（Mosaic）作比喻，认为马赛克用彼此邻接的装饰片对二维空间进行划分，同样，词语也把人类知识划分为相互邻接的若干小区域。一个词语正如一块马赛克装饰片，装饰片只有通过整个装饰墙面的确切位置才可以确定其价值，同样，词语也只有通过整个词汇场中的确切位置才可以确定其语义特异性。

但是，词汇场理论也遭遇到一些批评的声音。一方面，词汇场理论的术语在当时并不稳定，往往把词汇场、语义场（semantic field）和词语场（word field）当作同义术语使用。显然，术语的多样性并不纯粹是术语本身的问题，它本质上涉及词汇场内聚合的究竟是何成员的系列问题。如"场"内成员是否仅包括词？抑或是在词语之外，还可以包括多词素表达形式？这些词语是否可能属于不同词类？另一方面，关于词汇场的内部构成问题，若不局限任何种类的成员都可以进入这个场中，那么这些成员之间究竟具有何种关系？若既然考虑基于相似性的语义关系，那么，是否还应考虑基于相似性的形式关系、搭配关系等？类似诸多问题都对词汇场理论的进一步发展构成挑战。

2.1.1.2 语义成分分析理论

坎得乐（Kandler 1959）指出，如果词语的语义价值是由词汇场中的词语之间的相互关系决定的，那么，该如何给词汇场内的成员作进一步的分析和区分？又如果同一个词汇场内的成员 A 决定成员 B，B 同时也决定 A，那又该如何避免循环论证？语义价值的描写需要对词汇场中的事物进行识别，而识别的前提需要某种真正的语义性内容，如"亲属"词汇场中的性别、直系和辈分等，这些语义性内容又该如何表征？正是因为需要对词汇场内部的词语语义内容进行更精确地描述,语义成分分析理论由此产生。

叶尔姆斯列夫(Hjelmslev 1953,1958)提出"内容元素"(éléments de contenu)的概念,此概念大致类似于区别性特征(distinctive feature)。叶尔姆斯列夫(Hjelmslev 1953:70)尽管列举了少数几个简单词例,但却清晰地阐明了语义可以采用区别性的、具对立特征的形式来分析这一事实。例如:

ram(公羊)	分析为 he—sheep(他—羊)
ewe(母羊)	分析为 she—sheep(她—羊)
boy(男孩)	分析为 he—child(他—孩子)
girl(女孩)	分析为 she—child(她—女孩)
stallion(公马)	分析为 he—horse(他—马)
mare(母马)	分析为 she—horse(她—马)

到了20世纪60年代,语义成分分析的观点在波蒂埃(Pottier 1964,1965)、克歇留(Coseriu 1962,1964,1967)和格雷马斯(Greimas 1966)的著作中得到了充分的发展,尤其是波蒂埃(Pottier 1964)对法语中"家具"词汇场的"坐具"子场的描写,成为语义成分分析方法最典型的范例。这个"坐具"子场的上义词是 siège(坐具),下义词包括 siège(椅子)、pouf(高圆垫)、tabouret(凳子)、chaise(装饰椅)、fauteuil(扶手椅)和 canapé(长条椅),这六个词语可以如表2.3中那样进行互相对比。其中,上义词 siège 仅刻画"供人坐"这一特征,而若要进一步对具有不同种类的 siège(带腿的坐具)之间加以区分,则需要增加其他区别性特征,如 S_1(是否具有坐的功能)、S_2(是否单人座)、S_3(是否有椅腿)、S_4(是否有椅背)、S_5(是否有扶手)、S_6(是否由硬质材料制造)等。

表2.3 "坐具"词汇场的分析(Pottier 1964)

	S_1 for sitting	S_2 for one person	S_3 with legs	S_4 with back	S_5 with armrests	S_6 rigid material
siège	+					
chaise	+	+	+	+	−	+
fauteuil	+	+	+	+	+	+
tabouret	+	+	+	−	−	+
canapé	+	−	+	+	+	+
pouf	+	+	−	−	−	−

语义成分分析方法后来与生成语言学理论实现了合流,在以后的生成语义学中产生了意义久远的影响。可以毫不夸张地说,以后的词汇语义研究法基本都以语义成分分析理论为基本描写模式,这一点在下文还会提及。

2.1.1.3 自然语义元语言理论

正如上文所述,语义成分分析理论的语义分解方法,起初是基于词汇场内各词语之间的区别性特征而发展起来。但是,正因为语义分解方法有简约主义倾向,而试图寻找与百科知识层面相对的一个确实的语言层面,把语义描写简化到一套原始语义成分,便成为魏尔兹比卡(Wierzbicka 1972)的自然语义元语言理论采用的策略和立场。由魏尔兹比卡(Wierzbicka 1972)首创,并在她以后的一系列论著(1985,1992,1996,1997,1999,2003;Cliff and Wierzbicka 1994,2002)中发展起来的自然语义元语言理论认为,语义成分隐含在基元词中,基元概念就是本身无须界定的概念。这是当代语义学建立普遍基元概念集合的最高尝试,其语义描写模式主要具有两个特征:普遍语义基元(universal semantic primitives)和化简释义(reductive paraphrase)。

关于普遍语义基元,魏尔兹比卡(Wierzbicka 1972,1985,1992)始终坚持,语义描写需要用自然的非技术性语言,而不是以某种形式化的表征语言。语义基元必须具有普遍性,应该在世界的所有语言中都已词汇化。克利夫(Cliff 2006,2008)把这个必要条件定义为强词汇化假设,即基元概念在各语言中必定已普遍词汇化。换言之,普遍概念在所有语言中都必定以某个特定词语或某种特定形式来表达。目前,已经识别的语义基元达到62个,如:

实词:I, YOU, SOMEONE/PERSON, SOMETHING/THING, PEOPLE, BODY(6个)

关系实词:KIND, PART(2个)

限定词:THIS, THE-SAME, OTHER/ELSE(3个)

数量词:ONE, TWO, MANY/MUCH, SOME, ALL(5个)

评价词:GOOD, BAD(2个)

心理、体验词:THINK, KNOW, WANT, FEEL, SEE, HEAR(6个)

行为、发生、运动、接触词:DO, HAPPEN, MOVE, TOUCH(4个)

…………

化简释义,是指用普遍基元词来定义语义,使相对复杂的词语语义通过基元概念词而得到化简和解释。例如，魏尔兹比卡（Wierzbicka 1996）以英语单词 sad 为例，对化简释义的语言描写模式进行说明。

X is sad=

X feels something

sometimes a person thinks something like this:

  something bad happened

  if I didn't know that it happened,

  I would say: I don't want it to happen

  I don't say this now.

because I know: I can't do anything

because of this, this person feels something bad

X feels something like this.

  魏尔兹比卡（Wierzbicka 1996）认为，在词语使用层面，变异性和指称的不确定性是真实存在的，但是在这种变异或不确定的使用中所表达的概念却恒定不变。一个词语的指称用法可能是灵活的、异质的、不易清晰划界的，但是在所有这些用途的实例中，概念的实现却是精确的、离散的，具有一致性。简言之，根据自然语义元语言理论，尽管这个世界是极其模糊的、不规范的，但模糊性仅存在于世界中，而离散性存在于大脑中，因此，语言使用者可以把清晰的、定义明确的概念应用于世界的命名和描写之中。

  自然语义元语言理论也遭遇了批判。首先，关于语义基元。这套基元是一种图示化的描写方法，并不真正表明描写"误差"确切意味着什么。自然语义元语言研究的实践，为许多基本词汇的界定留下了余地，导致在可选的词语之间不知道该如何做出决定，而该理论也未能对此给出一套详细的系统研究程序。同时，语义基元的普遍词汇化也值得怀疑，尤尔根（Jürgen 2003）争辩说，before（从前）和 after（以后）在玛雅语（Maya）中没有与之对等的词语。从方法论上看，语义基元要求所比较的概念在不同语言中应该一致，在表达基元的词汇语义中不应存在细微的语际差异，而应该是一元的、不言自明的，显然，从对基元概念的定义出发未必能达到这一点。其次，化简释义的思路也不是很有说服力。因为，自然语义元语言研究方法声称，只有内省法才足以识别与词语相联系的概念，而存在于说话者大脑中的概念，每次作为一个词语说出来时，可以假定其大脑中的其余相关概念也都被激活。但是，事实上这一假定很值得怀疑，因为这似乎意味着，概念使用的实际语境也无法超越存在于该概念中的基本特征，例如，"杯子"这个词用于该范畴的极端边缘，比如，抽屉里有一个装满夹子和铅笔的塑料杯子，你仍然还会认为这个杯子是个喝水的器皿吗？总体说来，自然语义元语言理论认为，每一个基元都是一套具有普适性的人类基本概念在特定语言中的体现，因此，意义是纯语言的，也是纯概念的，这种词汇语义的分析方法无疑是理想化的（Geeraerts 2010：137）。

2.1.1.4　关系语义学

传统词汇语义学中，词语之间的语义关系如同义词、近义词、反义词、上义词、下义词方面的探讨已具有悠久传统。然而，莱昂斯（Lyons 1963）以结构主义理论为基点，强调语义研究应该聚焦于对立关系（relations of opposition）的描写上。换言之，词语的语义不是基于词义的孤立描写，而后得到词语之间具有同义、近义或反义关系，而应是由词语参与其中的一系列的语义关系。换言之，莱昂斯（同上）反对传统语义研究中的"语义优先于语义关系"的观点，而提倡"语义关系优先"。例如，关于同义关系，传统词义研究通常首先将 quickly（很快地）和 speedily（快速地）的语义描写为 in a fast way（速度快地）或 not taking up much time（没有占用太多时间），然后根据其内容描写的相近或等同而认为这两个词语具有同义关系。然而，莱昂斯（同上）则故意回避词语内容的描写，他认为对词语内容加以描写属于指称层面，是语言与百科知识之间的联系，而不属于语言结构本身的内容。莱昂斯（同上）将词语的语义等同于其与其他词语之间的同义以及别的类似关系，如 quickly 的语义就是其与 speedily 的同义关系。莱昂斯（同上）在引入关系语义理论的过程中，为与传统语义相区分，特意使用了术语 sense relations（关系语义）。继莱昂斯之后，克鲁斯（Cruse 1986）对关系语义的研究做出了重要贡献，他的《词汇语义学》（*Lexical Semantics*）是第一本系统研究词汇语义学的专著，书中对词汇中存在的语义关系做了全面描写，如同义关系、反义关系、上下义关系、分类关系、整体和部分关系等。

作为语言语义的一个独立层面，这种"关系语义"描写理论几乎成了结构主义语义学的一个缩影（Geeraerts 2010：88）。相对于词汇场内部仅受制于具区别性对立关系的语义描写方法，关系语义研究显然更加自由、开放。如动词 rise 和 raise 显示的是致使关系，composer（作曲家）和 music

（音乐）、cook［做（饭）］和 meal（饭）显示的是因果关系或者引发和结果关系等。"关系语义"的研究方法属于语言结构层面，可以构成一个自然集合，而该集合不包括任何典型的指称层面或语言使用层面的百科知识意义。但是，在实际语言使用中，"指称意义"与"关系语义"之间的区分并不必然那么严格。如"手"和"手指"之间的部分-整体关系似乎是关系语义，然而它们同时也具有指称性和百科知识性。换言之，这种部分-整体关系，存在于指称事物之间，而不是系统语义之间。又如上文提到的 composer 和 music、cook 和 meal 之间的因果关系，通常人们也不是将其识别为关系语义，而认为涉及的是指称实体之间的关系。从这个意义上说，关系语义描写法想要取代传统语义学的"内容描写法"的理想有些牵强，更确切地说，关系语义依赖"内容描写"似乎更为恰当（Murphy 2003）。

综上所述，以上四类词汇语义描写的理论和方法，明显继承了结构主义语言学对于语言是一个相对独立的自治符号系统的语言学观点，阐释的方式遵从属于语言内部层次的语义结构的原则，依赖语言符号和语言符号之间的关系以完成对词汇语义的化简释义和描写。但是，作为语言一部分的语义知识和作为世界知识一部分的概念知识之间是否真的可以本质划分，又在何处可以找到确切的分解？对结构主义的不同理论方法的概述，已然表明这些问题的答案并不明显。因此，理性化的语言语义结构自主性，最终只能化为虚无缥缈（Geeraerts 2010：91），而不得不对百科知识描写做出妥协。

2.1.2 语义与概念视角

所谓语义与概念视角，是指词义研究不再固囿于语言结构内部，而是基于语义结构和概念结构两个层面之间的关系，强调从共同或相互作用的角度进行语义释解的视角。正如前文所言，随着 20 世纪 60 年代卡茨和福德（Katz and Fodor 1963）将语义成分分析方法、形式主义的描写系统，引入生成语法，与基于心理的概念知识结合在一起，这样的语义描写观点一方面突破了语义主要基于语言内部符号之间关系的结构主义立场，另一方面又考虑了心理现实性问题，对以后的词汇语义描写观点产生的影响异常深远，发展出以语言知识与概念知识之间关系视角的词汇语义描写方式，其中具有代表性的理论主要有贾肯道夫的概念语义学（Jackendoff 1996）、比尔维施的双层语义学（Bierwisch 1983a，1983b）和普斯特耶夫斯基的生成词库理论（Pustejovsky 1995），这些理论都具有将词汇语义信息与其所处的句法环境、世界知识相联系这一重要特征。

2.1.2.1 概念语义学

墨菲和科斯凯拉（Murphy and Koskela 2016：5）认为，概念语义学是一种非常特殊的语义研究方法，它有很多目标和认知语义学相统一，但是它又来自生成传统，本书在此还是将它纳入生成语义学框架中。20 世纪 80 年代，在生成语法和认知语言学的双重背景下，学界逐渐认识到具体语言层面的语义知识描写，在很大程度上不同于世界知识的描写。而捍卫这种新认识的语义描写新方法认为，语言内的语义知识与语言外的世界知识不应该相互对立，而应该相互结合，并界定两者之间可能的分工。据此，贾肯道夫（Jackendoff 1996）提出，没有任何有特权的"语言语义"层面，可以将语义这种特殊语言效果与诸如范畴化、指称等更一般的认知效果分离开来。根据一般的认知，必定存在一个语言信息与视觉、听觉、手势等非语言系统所传达的信息相一致的心理表征层次，因为如果没有这一层次，我们不可能用语言说出感觉输入的信息；同样，我们能执行命令和发出指示，也必然是因为有一个语言信息与最终传达到运动系统的信息相一致的层次，而这个表征层次就是概念结构（conceptual structure）。在概念结构中，语言信息作为形式化的语义标志，与知觉、运动等相一致，一起发挥作用（Jackendoff 1983：17）。

卡茨和福德（Katz and Fodor 1963）曾提出语义可由语言描写的形式层次所表达，称为语义表征（semantic representation），而贾肯道夫（Jackendoff 1983：8）为和概念结构相对立，将语义表征改为语义结构（semantic structure）。他认为，语义结构和概念结构之间有两种方法可以将它们联系起来，一种是把概念结构看作语义结构以外的一个层次，通过规则把它们联系起来；而另一种则视语义结构为概念结构的一部分，即由语言表达的那一部分，但又因为对应规则可直接在句法结构和概念结构之间映现，语义结构其实不必要。从这个意义来说，语义结构就是概念结构。

从贾肯道夫（Jackendoff 1983：8）对语义结构和概念结构之间关系的观点来说，他的研究目标不同于魏尔兹比卡。魏尔兹比卡（Wierzbicka 1972）的主要目标是寻找语义基元的共有核心，以便能提高语言内部语义的释解，而贾肯道夫（Jackendoff 1983：8）的主要目标本质上是试图发现词汇语义背后的概念。在实际语言研究中，贾肯道夫（Jackendoff 1996）非常注重句法和语义之间的接口，认为对应规则可直接在句法结构和概念结构之间映射，不需要有一个中间层次——语义结构。这些规则都是先天的、普遍性的，因为假如头脑中不是先天存在一个关于颜色区分的概念结构，人不可能学会具体颜色词语的区分。而这个接口主要体现在词条进入句法的模式描写框架中，如 run、put、drink 的词条描写形式：

run
V
—<pp_j>
[event GO([thing]$_i$, [path]$_j$

put
V
—$NP_j PP_k$
[event CAUSE([thing]$_i$, [event Go([thing]$_j$, [path]$_k$)])

drink
V
[event CAUSE([thing]$_i$, [event GO([thing LIQUID]$_j$, path TO([place IN([thing MOUTH OF([thing]$_i$)])])])]

该词语下方的第一行是词类标记，再下面是该词语的次范畴化框架，该框架详细说明了一个词语出现的句法环境。贾肯道夫（Jackendoff 1983）的动词语义描写方法明显受到卡茨语义学之争的影响，一方面，形式分解方法倍加谨慎地描写语义的内部结构，以及语义信息与词语出现的句法环境的联系方式；另一方面，语义描写本身主要依赖于一套有限的概念基元，如EVENT（事件）、STATE（状态）、THING（物体）、PATH（路径）等。这些概念基元构成的本体论，从一定意义上被认为是人类认知的内在普遍性范畴。它们是跨模态的范畴，与其他的知识模态相联系。例如，THING（物体）和 GO（去）这两个范畴，分别与某种知觉信息模态和运动信息模态相对应。如此看来，语义词条确实具有接口功能，这一接口连接两个方向：一是与自治的句法模式相联系；二是指向非语言信息和知识模态。

贾肯道夫（Jackendoff 1983，1990，1996）虽然注重句法和语义之间的接口，但是，对词语的灵活用法，或者概念结构和语言外知识之间的相互影响，即概念语义学模式的后部分意义研究，却没有进行详细阐述。概念语义要与语言外的认知相联系，与其说是一个完整的描写框架，还不如说是一个规定性原则。贾肯道夫（Jackendoff 1990）通过概念结构试图将语言形式与其他认知模式相联系来解释语言的模糊性和灵活性，这样的提议招来学者的批评。首先，对于区别性概念特征与储存于非概念性表征模式中的信息差别的准则，贾肯道夫（Jackendoff 1983，1990，1996）没有详细说明，因此概念基元无法明确认定。其次，泰勒（Taylor 1996）认为，如果确定要把概念知识和其他认知表征样式区分开来，要描写精密的词汇语义所需要的所有信息是否总是知觉的，就成了一个开放性问题等。总体说来，概念语义学的研究几乎完全是按照句法学的思路进行的，概念结构实际上是一种形式化的语义生成模式，其组合性原则与句法生成机制类似，其原理都是语言有限手段的无限应用（周长银 2016）。但是，无论如何，以概念结构为基础的概念语义学理论对语言同其他认知官能接口问题的重视和深入研究，打破了句法研究同其他官能的认知研究之间的隔绝状态，"首次在词汇语义学理论和知觉及认知理论之间架起一座具体可行的桥梁"（沈家煊 1985：19）。

2.1.2.2 双层语义学

贾肯道夫（Jackendoff 1983，1990，1996）的概念语义学引入了语言知识和世界知识的操作分工，但是这种分工基本是静态的，长时记忆中的分工很难说明在具体语境中两者动态的、共同作用的具体方式。而由比尔维施（Bierwisch 1983a，1983b，1987，1988）所倡导，比尔维施和朗（Bierwisch and Lang 1989）和朗（Lang 1991，1993，1994）进一步发展起来的双层语义学，试图为词语知识和世界知识在实际语境中的相互作用提供一种动态性的研究模式。双层语义学采取模块认知框架，通过语义表征形式和概念结构双层知识表征，对自然语言中的多义现象进行充分描写。

语义表征形式作为第一层次，是一个语言实体，对特定词语进行形式化描写。通过分解方式，语义表征形式详细说明概念结构层面上的词语与实体相联系的条件，包含种种变量和参数，这些变量和参数可以通过与概念结构的相互作用来设定。语义表征形式还包含语法信息，这些信息详细说明一个词语如何导致更为复杂的句法结构的形成。概念结构作为第二层次，由独立于语言之外的成分和概念信息系统构成。在实际语言理解中，语义表征形式和概念结构之间进行分工操作，词语在语义表征形式层面上具有唯一语义，但通过与特定语境结合，便获得与语境匹配的合适解读。

如涉及类似 university 或 school 的词语，它们可指"机构"，也可指"机构所在的建筑物"，语义词条的一般形式是：

x［PURPOSE［x w］］

对于 university 这个具体词条，可以写为：

Rx［PURPOSE［x w］and advanced study and teaching［w］］

在这个语义词条中，x 是一个变量，其价值由分析的第二层次 advanced study and teaching（高级研究与教学）决定。上文对 university 的两种解释，分别对应于详细说明 x 的两种方式：

Rx［INSTITUTION［x］and PURPOSE［x w］］

Rx［BUILDING［x］and PURPOSE［x w］］

由此可见，比尔维施（Bierwisch 1983a，1983b，1987，1988）区分了语言层面和语境层面。语言层面具有独特而单纯的语义定义；语境层面，语境因素可能产生该单一语义的调制和细节说明。比尔维施试图通过双层语义模式，阐释语境和语义的相互作用，并通过语境上的动态方式来实现意义。双层语义学的语义描写方式将研究重点转向了相互作用，即试图以语境动态的方式解释语义和语境之间的相互作用的机理。因此，与概念语义学相比，双层方法更注重语义研究的变异性（variation）问题。

但是，比尔维施（Bierwisch 1983a，1983b，1987，1988）一方面试图通过语用化策略，把意义的灵活性和创造性完全推到语境化用法的层面，以求得语义研究的纯洁性，认为是语境因素致使单一语义进行意义调制和意义多变；另一方面，比尔维施（同上）认为，语义信息储存在心理词库中，语用解读从具体语境中派生出来。以上两种观点，其实质是将语义和语用进行严格区分，其最终导致双层语义学无法解释语言的变异性问题，使双层语义学理论也最终遭遇困难。

2.1.2.3 生成词库理论

双层语义学认为词库中的词汇语义具有纯洁单一性，普斯特耶夫斯基（Pustejovsky 1995）却不认同这一观点，他所定义的生成词库理论认为，词库中词条的语义应该概括性很强，其具体语境义是这些"概括义"与其他因素互动的结果。生成词库理论将部分百科知识和逻辑推理关系写入词汇语义之中，试图通过对词语的语义结构做多层面的详尽描写和构建数量有限的语义运作机制，从而解释词义的语境实现。生成词库理论的词义描写方式既能限制词库中储存的语义数量，又能实现句法和语义的最大同构，因此，被认为是当代语义学中最精细的形式化分析范式（Geeraerts 2010：147）。

在普斯特耶夫斯基（Pustejovsky 1995）提出生成词库理论以前，词汇语义研究理念是将词汇看成一个静态的组成体系，采用"意义列举词库"（sense enumerative lexicon）的模式对词义进行描写，即将同一个词语按照不同的意义分别列举在词库之中，将不同意义看作是词语本身所固有的多义性。这种词汇模式存在两个缺陷：一、从词库的角度来说，每一个不同的意义都负载于词语之上，该词库所包含的词语数量巨大，无法解释人们究竟该如何学习并掌握如此大规模的词库。二、将不同意义看作是词语的多义性，每当遇到一个新语境，词语就可能会产生新意义。这就让人不得不怀疑究竟会有多少种不同的意义（Pustejovsky 1995：27-28）。比如，英语中的 fast，在 a fast boat、a fast typist 和 a fast decision 中分别表示 to move quickly（快速移动的）、perform some act quickly（动作快的）和 to do something that takes little time（短时间内做某件事）三种不同意义（Pustejovsky 1995：44），而当 fast 修饰其他名词时，它的意义又会发生相应变化。若按照意义列举法，根本无法回答 fast 究竟包含了多少种不同意义。这种随语境而产生的意义必然会加重语法分析的负担（McNally and Kennedy 2013）。

普斯特耶夫斯基（Pustejovsky 1995）驳斥了静态的词库观，确定了新的生成词库理论，旨在提供一种成分组合语义学，对源自现实语言使用中的意义进行语境调整。生成词库理论中的生成机制主要通过词汇的词义结构描写体系和语义组合机制发挥作用。词义结构描写体系主要由四个层面的语言知识所组成，其中每个词语的表征形式通过事件结构（event structure）、论元结构（argument structure）、物性结构（qualia structure）和词汇类型结构（lexical type structure）加以表征。事件结构描写动词语义中的事件信息，包括状态、过程、迁移等；论元结构描写论元的数量、类型以及句法层面的实现；物性结构是一套关于词汇本体知识的描述体系，是生成词库理论最为核心的内容，同时也是构建词义的基础，为语言知识和百科知识的表征提供接口；词汇类型结构主要用来说明一个词语在一个类型系统中的位置，以及与其他词语的语义关联方式，例如上下位关系、整体-部分关系等。其中物性结构主要包括四种物性角色：形式角色（formal role）、构成角色（constitutive role）、施事角色（agentive role）和功用角色（telic role）。形式角色描写对象在更大的认知域内区别于其他对象的属性；构成角色描写一个物体与其组成部分之间的关系或在更大的范围内构成或组成其他物体；施事角色描写对象怎样形成或产生的，如创造、因果关系等；功用角色描写对象的用途和功能。这些物性角色在本体知识的平面上勾勒出人们对于事物的知识，将生活经验和常识编码进入语言系统之中，从而为语言知识和非语言知识的互动搭建了沟通的桥梁（李强 2016）。具体可参看图 2.1。

$$\left[\begin{array}{l} a \\ \text{ARGSTR} = \left[\begin{array}{l} \text{ARG1} = x \\ \dots \end{array} \right] \\ \text{EVENTSTR} = \left[\begin{array}{l} \text{E1}: e_1 \\ \dots \end{array} \right] \\ \text{QUALIA} = \left[\begin{array}{l} \text{CONST} = \text{what } x \text{ is made of} \\ \text{FORMAL} = \text{what } x \text{ is} \\ \text{TELIC} = \text{function of } x \\ \text{AGENTIVE} = \text{how } x \text{ came into being} \end{array} \right] \end{array} \right]$$

注：a 代表某个词语；ARGSTR 代表论元结构；EVENTSTR 代表事件结构；QUALIA 代表物性结构，物性结构又包括四种物性角色：CONST 代表构成角色、FORMAL 代表形式角色、TELIC 代表功用角色、AGENTIVE 代表施事角色。

图 2.1　生成词库理论对词语的描写框架（Pustejovsky 1995：226）

生成词库理论中的语义组合机制主要包括三类：纯粹选择（pure selection），即函项要求的类型能被论元直接满足；类型调节（type accommodation），函项要求的类型能从论元继承；类型强迫（type coercion），函项要求的类型被强加到论元上。类型强迫通过两种方式来实现强迫利用（coercion by exploitation）：提取论元类型的一部分来满足函项的要求；强迫引入（coercion by introduction），把论元包装成函项所要求的类型。因为语言结构的语义并不总是语言成分语义的简单相加，可能会出现语义缺省（semantic default）、语义冗余（semantic redundancy）和语义标示不足（semantic underspecification）等情况，在上述词汇语义结构的基础上，通过这些组合机制，词语之间的组合以及组合之后所带来的语义变化过程能得到反映，从而可以解释语言中的多义、意义模糊和意义变化等现象。

虽然生成词库理论的研究取得了不少成果，与概念语义学、双层语义模式相比，生成词库试图解释意义的语境灵活性，在技术上比前两种模式更精细，但依然在理论根基上、方法论上遭遇批判和质疑。理论根基层面，表现为词语表征方式有无必要性、名词是否存在语义类型转变等问题。在语义描写系统中，语言知识与百科背景知识该如何区分，在多大程度上应该保留后者是一个值得深入讨论的话题。福德和勒波雷（Fodor and Lepore 1998）认为，如果词语的确能够表达意义，那么词库中应该保留的是关于词语的信息，而不是关于世界的信息。关于名词是否存在类型转变现象，戈达尔和雅耶（Gordard and Jayez 1993）认为，名词类型强迫的假设并没有语言事实的证明；科普斯泰克和布里斯科（Copestake and Briscoe 1992，1995）也认为，在一些谓词并列的例子中，名词的意义并没有发生变化，也就无所谓存在逻辑多义或常规多义现象。他们指出，名词的语义是模糊的，而不是多义的，事件强迫是因为动词的结构性多义，不是宾语名词发生逻辑转喻，而这种形式的多义是动词对宾语意义某方面的选择性问题，动词本身复杂的语义结构对语义解读产生影响①。方法论层面，沃斯波尔（Verspoor 1997）认为，生成词库方法只关注了词汇内部语义结构的作用，而忽视了实际语言使用中的惯常性用法和篇章及语境信息对语义解读可能产生的影响。埃文斯（Evans 2010：67）认为，生成词库理论通过这种物性结构和强迫机制等进行选择、组合的意义生成模式，可能适合于计算机语言学或语料库词汇数据分析，但并不具有心理现实性，换言之，人类真实的语言加工机制也许并非如此理想化。

综上所述，概念语义学、双层语义学和生成词库理论三种词汇语义描写理论，均考虑了词汇语义基于语境中的动态性描写，尤其是生成词库理论试图通过语义组合机制对语言使用中的词汇意义问题做出形式化的描写，对于词汇语义学的发展具有重要贡献和影响。但同时，这三类词汇语义理论本质上依然遵循着结构主义语义学中的语义成分分析的分解释义理念，认为较大语言成分的整体语义或概念可由较小语言成分的语义或概念相加整合而成。换言之，这三种词汇语义描写理论依然遵循着形式化描写的词义简约路线，但诚如吉拉兹（Geeraerts 2010：156）所质疑的，"形式化被认为是能够对词义进行更精确描写的方式，但形式化内容要素的意义解读究竟能有多精确？"

2.1.3 概念与意义视角

所谓概念与意义视角，是指词义研究糅合了语义与概念之间的区别，而侧重于世界知识与人的认知机制之间的互动，侧重从概念到意义构建过

---

① 关于这一点，本书在后面的 7.4 中还会再次提及。

程进行语义释解的视角。上文已经阐述，结构主义语义学是基于语言系统内部的语言符号与语言符号之间关系的语义描写方式，生成主义语义学是纠结于语言知识和概念知识之间关系的词汇语义描写方式，即词汇语义研究从囿于语言内部系统拓展到语言外部环境，最后终于逐步回归到考虑语言使用者，即人的因素层面，从人的心理现实性、认知机制等角度对词汇语义进行阐释的视角。其实，这个视角19世纪的历史语文语义学时期早就提出，语言植根于人们对这个世界的经验中（Geeraerts 2010：12），而认知语义学从很大程度上是对这个视角的重新回归并发扬。

2.1.3.1 历史语文语义学

词汇语义学史的第一阶段，大致从1830年到1930年，属于历史语文语义学阶段①。历史语文语义学的突出贡献是对两个重要概念的关注，即意义的动态性和语言与认知的密切相关性，也正因此其研究方法具有永恒的理论价值（Geeraerts 2010：42）。

首先，关于意义的动态性，即意义并非永恒不变，当语言被应用于新的环境或语境中时，意义会临时并自然地发生变化。也正因为如此，多义关系其实可以说是词语变化的天然条件。在专著《语义学探索》（*Essai de sémantique*）中，布雷阿尔（Bréal 1897）突显了意义研究的心理取向，认为语言意义大体上就是一种心理现象，而意义变化就是心理过程的结果。意义是一个心理实体，但是语言使思维客观化。保罗（Paul 1920：75）在其富有影响力的、论述历史语言学理论的《语言学原理》（*Prinzipien der Sprachgeschichte*）中阐明了对语言表达的通常意义（usuelle Bedeutung）和偶然意义（okkasionelle Bedeutung）的区别。通常意义是一个语言社团的成员所共享的既定意义，偶然意义涉及通常意义在实际言语中的调整变化。语境是理解从通常意义转向偶然意义的关键，如德语Blatt是一个多义词，可以指"书页"或"树叶"。当你在书店里翻书时，指的是"书页"；而当你在树林中行走时，指的是"树叶"。但有时语境化的偶然意义是对通常意义的变异，并不完全包括在通常意义的特征中，如das Feuer der Leidenschaft（激情之火）这类隐喻中，Feuer（火）与Leidenschaft（激情）的结合表明，Feuer不能就其通常意义加以理解。同时，保罗（Paul 1920）

---

① 因为这个阶段的大多数文献如今已经湮没，所以下文对这个阶段的一些意义观主要基于吉拉兹（Geeraerts 2010：2-45）的描述。

认为，经常使用的偶然意义本身可以转变成通常意义，如果 Feuer 在具体语境或语言之外的环境中，不需要明确的线索就能指"（激情的）火"，那么这个意义就被认为已经规约化了。

其次，关于语言如何与认知密切相关的问题。毫无疑问，语言如同其他形式的知识，是基于心理的一种认知现象，人们所体验的意义也是大脑中某事物的体现。换言之，当人们认为意义是基于心理的一种认知现象时，其注意力自然就会转向对"概念"的描述。尔德曼（Erdmann 1910）指出，可以从附属意义（Nebensinn）和情感价值（Gefühlswert）两方面领会宽泛的词汇意义。附属意义指表达形式的概念联系意义，如"圣诞树"是指像圣诞树一类的装饰化的树，而其附属意义是指在人们内心引起的联想，不仅是一棵装饰化的树，而且也可能包括节日气氛、圣诞礼物、家庭团聚、特殊丰盛的晚餐等，所有这些联想，都可以包含在关于圣诞树的概念知识之内。情感价值指表达形式中所附着的情感色彩，如 boozed up（痛饮的）、plastered（烂醉的）、sodden（吃饱喝足的）等类的词语，往往比 drunk（醉的）具有更多负面性的情感价值。当然，drunk 亦不如 inebriated（喝醉酒的）和 intoxicated（喝醉了的）具有中性色彩。在当代词汇语义学术语中，附属意义和情感意义统称为"内涵"（connotation），即词语联想的概念价值和情感价值，与作为指称意义的"外延"（denotation）形成对应。

历史语文语义学对于意义的心理观，即意义的动态性和认知心理性在今日看来具有明显优势，但是在当时却遭遇了结构主义语义观的批判和质疑，因此，意义的心理取向被暂时搁置。尽管如此，语文语义学本身也并不是无可指责。从语言资料来看，不论历史语文语义学论文的实证基础多么宽广，但主要还是由词典中的词语用例，所研究的是那些确定无疑、容易识别的语义变化，而不是具体语篇中出现的临时性或特殊性的意义动态性变化。更重要的是，历史语文语义学对于多义关系机制的研究，方法上主要局限于从一个意义导致另一个意义的语义变化的单个词例，而缺乏考虑词语语义结构内部发生的总体语义变化范围的系统性研究。

2.1.3.2 认知语义学

认知语义学是研究大脑以及大脑与具身经验之间联系的一种方法（Evans and Green 2015），也是当代语言学中研究词汇语义的最流行框架（Geeraerts 2010：183）。它将语言作为揭露人类概念组织和结构的主要方法论工具而展开研究，试图通过分析语言发现语言使用者的认知规律。

认知语义学家关注的基本问题是概念结构与外在世界感知经验的关系本质。换言之，认知语义学家试图探知人类与外在世界感知之间的互动本质，构建一个概念结构理论，这个理论与我们感知世界的方式相一致。与概念语义学不同，贾肯道夫（Jackendoff 1983）认为概念结构是普遍的、先天的，而认知语义学遵循具身认知假设，概念结构产生于具身认知，认为使概念结构具有意义的是与之相关联的具身经验。如果一个人被锁在房间里，无法出来，造成这个事件的本质具有两个方面：一方面，因为房子本身的一种关闭性致使人无法出来；另一方面，因为人自身形体特征导致无法如空气一般从门缝里出来，也无法像蚂蚁一般从门底下爬出来。换言之，containment（密闭）这个单词具有意义是因为某种特定类型的物质关系，是词语内在与词语外在世界交互的经历或结果。

传统认知语义学遵循语义结构就是概念结构的原则，认为语言是说话者大脑中的概念而不是外在世界的客观事物，语义结构可以与概念结构等同，和词语相关联的规约化语义是概念在语言中的编码形式。但同时，埃文斯（Evans 2016）指出，承认语义结构可以和概念结构相等同，并不是说两者完全一致，相反，和词语相关的意义形式构成了可能概念的一个从属系列，因为毕竟我们有许多的想法、主意和感觉一般无法用语言编码出来。

认知语义学对意义采取了繁复主义视角，语义知识和百科知识之间的差异，语义和语用之间的划分不再作为一个研究的基点。放弃这一区分，意味着词汇语义表征不必在严格的定义和灵活的描写之间泾渭分明。百科知识一般也无法采取单一概念的形式，即不采取与单一词语相对应的那种形式（百科知识远远超越于单独词语的词义概念）进行描写。更准确说，世界知识是在更大的范畴，即"大块知识"上组织起来的，如我们知道"如何包饺子""去商场购物""故宫博物院看起来怎样""抗日战争何时何地爆发，何时结束等"——所有这些知识的形式都远远超越了某个词语的范围。因此，百科知识的意义描写需要一种表征大块知识的方式，以及把所有相关词语与更大概念结构联系起来的一种手段。在认知语义学中，这种描写更大知识结构的研究理论和方法主要有：理想化认知模型（Idealized Cognitive Models，ICMs）和语义框架（semantic frame）、心理空间（mental spaces）和概念整合理论（Conceptual Blending Theory）。

2.1.3.2.1 理想化认知模型和语义框架

菲尔墨和阿特金斯（Fillmore and Atkins 1992）曾经指出认知语义学的

方法与词汇场方法之间的不同。

受"场"概念影响的词汇语义学家,常常把词汇系统成员中各种词语内部的关系进行归类编目,并且把根据某种特定关系构建出的某类词汇集合进行特征化。相反,建立在认知框架或知识图式基础上的语义学理论,则常常以一种完全不同的方式逼近词汇意义的描写。在这一理论中,词语的意义只能参考经验、信念或实践等结构背景来理解,由此成为理解意义的概念先决条件(conceptual prerequisite)。也就是说,说话者只有首先理解由某词语所编码的概念驱动的背景框架,才能真正理解该词语。在如此的方法内,词与词之间的意义不是词与词之间的直接联系,而是通过它们与普遍背景框架相连接的方式。通过这种连接方式,它们的意义才能凸显这个框架中的某个特定成分。

毋庸置疑,认知语义学对于意义的概念先决条件假设,本质上显然是百科知识型的,而要描写百科知识型的结构概念,理想化认知模型和语义框架的方法无疑得到凸显。理想化认知模型由莱考夫(Lakoff 1987)率先提出,是理解意义的一种百科知识型的各种模式的概括性术语。根据基本的语义类型,框架语义学(Fillmore 1982)、隐喻和转喻理论(Lakoff and Johnson 1980)、意象图式理论(Image Schema Theory)(Rumelhart 1975)、脚本(Scripts)(Schank and Abelson 1977)等都可以包括在这个认知模型中(Lakoff 1987:68)。因此,理想化认知模型不是一种具体的描写方式,而是呈现完全开放性。该理论模型认为,语言知识与世界知识紧密相连,而世界知识又以一种认知模型的方式为基础。其中,认知模型,是指引导认知处理的具有结构形式的一套有序的信念和期待;理想化,是指一切知识都是从现实世界中抽象出来的,而非捕捉了真实世界的所有复杂性。如莱考夫(Lakoff 1987)对bachelor的分析就是一个关于理想化认知模型的典型案例,其中涉及某些特定的情况,譬如长期未婚而同居的同性恋男人、教皇、在丛林中长大与社会没有接触的男孩成年后等,是否应该要在bachelor的认知模型中提及?莱考夫(Lakoff 1987:70-71)认为不应予以考虑,因为这一模型是理想化的,它并不能完全和现实世界一一对应,而往往是对背景假设的简约化。因此,理想化认知模型是指认知模型提供一个概念模板,用此模板来灵活处理世界知识的复杂问题。

语义框架这一术语最早见于菲尔墨(Fillmore 1977a)的格语法论著中,并在他以后的论著(1977b,1985,1987)中逐渐成形,在很大程度上与理想化认知模型同义,均是指人们思考世界方式的知识结构。框架语义是分析自然语言语义的一种方式(Fillmore 1977a),也是人们思考世界的一种视角化,而视角化是意义结构体的一个关键因素(Verhagen 2007)。基于框架语义的理论探讨主要包含两个层面:第一个层面是对指称场景或事件的描写,包括所识别到的相关成分、实体以及在该场景或事件中起到重要概念作用的部分;第二个层面是纯语言的描写,包括凸显相应场景或事件各方面的某些表达形式和句法模式。在框架语义理论的早期阶段,这两个层面分别被称为"场景"和"框架"。"场景"是底层的概念结构,"框架"是凸显场景某个部分的语法型式。但是在框架语义理论的后期,前者被抛弃,仅剩下"框架"仍被使用。关于"框架"分析的最典型例子之一就是菲尔墨和阿特金斯(Fillmore and Atkins 1992)刻画的交易框架。交易框架涉及buy(买)和sell(卖),即一方通过协商付给另一方钱,并从对方手中获得某物的所有权或控制权的场景。这个场景包括所有权关系、货币经济以及商业合同等。描写交易场景中的动词语义,需要的基本范畴包括:buyer(买方)、seller(卖方)、goods(商品)和money(货币),而其中的动词,可以通过凸显场景中的具体成分为交易的特定视角的编码单位。若要体现buy的动词,买方就可以作为主语,货物作为宾语,而卖方和货币的出现就只能由介词引导,如"My mother bought me a smart shirt from USA for \$87""我母亲花了87美元从美国为我买了一件漂亮的衬衫"。若要体现sell的动词,卖方可以作为主语,货物作为宾语,而买方和货币的出现由介词引导,如"Mary sold a book to Paloma for \$45"(玛丽45元卖给帕洛玛一本书)。

理想化认知模型和语义框架对于词汇意义的识解是认知语义学的基本思想,这种思想也可称为以概念为先决条件的意义识解模式,如此的识解模式显然采用了繁复主义词义观,与结构主义语义学和生成语义学对词义采取简约主义的语义观相对,自然也无法用语义成分分析、概念基元或组合机制等形式进行词义的描写。因此,认知语义学主要采用心理空间理论和概念整合理论来阐释意义的在线解读。

2.1.3.2.2 心理空间和概念整合理论

心理空间理论和概念整合理论是为探究隐匿于语言意义实时在线构建与解读背后的人类认知活动的两种理论研究框架。莱考夫和约翰逊(Lakoff and Johnson 1980)在《我们赖以生存的隐喻》(*Metaphors We Live by*)论著中强调,隐喻不仅是一种语言层面的修饰方式,更是人们普遍使用的一种认知手段和思维方式。隐喻理论的提出，引起语言学界对隐藏于隐喻语言现象背后的人类认知过程及其认知机制的追索。五年后，福科尼耶（Fauconnier 1985）提出心理空间理论。心理空间，就是人们在交谈和思考的过程中为了达到局部理解与行动的目的而临时储存于工作记忆的概念集（转引自王文斌、毛智慧 2011）。在自然语言意义实时构建过程中，心理空间通过各种语言形式而得到建立、所指和辨认，"对所相关的语言组织的理解，会将我们引向对空间域的探究，而这些空间域建基于我们的谈话或听话过程，并且我们借用各种语义要素（elements）、角色（roles）、策略（strategies）及关系（relations）来建立这些空间域"（Fauconnier 1985：1），而这些空间域实质上就是彼此具有相互联系的心理空间（同上：2）。

1997 年，福科尼耶在其专著《思维和语言中的映现》（*Mappings in Thought and Language*）中，较为系统地提出并详尽阐述了概念整合理论，即"四空间"交互作用的自然语言意义构建模型，揭示自然语言中的意义实时构建及连接各心理空间的映射过程。这四个空间是类指空间（generic space）、输入空间 I_1（input space I_1）、输入空间 I_2（input space I_2）和合成空间（blending space）。首先从类指空间向两个输入空间（输入空间 I_1 和输入空间 I_2）映射，获得这两个输入空间共享的，并且通常是存在于人类大脑中更为抽象的、常见的思维结构和组织，同时规定核心的跨空间映射。这两个输入空间一旦发生直接地、部分地或有选择性地对应映射之后，便会再被映射到合成空间，并在合成空间里借助"组合"（composition）、"完善"（completion）和"扩展"（elaboration）这三个彼此关联的心理认知过程的交互作用而产生显现结构（emergent structure）。显现结构的产生过程，就是意义的运演和形成过程。正因为有不断的认知思维和心理运演在此展开，整个认知模型昭示出一个充满动态的认知运作过程。福科尼耶（Fauconnier 2001）认为，语言研究的重点就是意义的构建过程，因此心理空间的建立、映射和合成机制自然便成为概念合成理论研究的核心问题。但是，哈德（Harder 2003）则大胆质问了概念合成理论的论证方法及其合理性。他认为，概念合成理论的论证方法有违奥卡姆（Ockham）从简单到复杂的论证方向性的剃刀原则（Principle of Ockham's Razor）。对于认知运作过程中的复杂问题，宜借用心理空间和概念合成理论来加以解释和分析，而对于像 in France 这样的简单认知结构，无须使用这一理论进行繁杂的解释和分析。哈德（Harder 2003）凭主观判断，确认语言意义的加工模式其实是可以分成两个层次的：简单的语言加工可以直接在语言层面操作，无须类似概念整合如此复杂的整合加工程序，而对于相对复杂的语言意义的加工则需要通过复杂的概念层面的整合加工程序。这一点也是本书在第 5 章中要详细阐述的。

总言之，基于世界知识和语言使用者关系视角的历史语文语义学和认知语义学的词汇语义描写法，遵循意义基于人的认知心理和认知机制的研究路线，侧重对意义的在线构建过程和机制的阐释，想要致力解决的是，语言使用者如何使用语用信息和背景知识进行意义构建的认知机制。库尔森（Coulson 2010：D9）在其著作《语义跳跃——意义构建中的框架转换与概念整合》（*Semantic Leaps: Frame-Shifting and Conceptual Blending in Meaning Construction*）中说道："本以为意义是说话人编码了语言输入中的某些元素，但我逐渐得到了哥白尼式的领悟：意义并不存在于言语信号（speech signal）中，意义是言语者在语言提示与非语言知识的基础上所积极构建的结果。言语者并不能编码意义，而是使用语言信息及百科知识信息去帮助组合话语事件的认知模式，而这种组合话语事件的认知模式的过程就是心理框架不断跳跃的过程。"认知语义学对于意义的阐释是对前人形式化词汇语义描写方式的一种突破和颠覆，开启了一种全新的意义构建观。但是，认知语义学对于意义的释解也并非完美，正如勃兰特（Brandt 2004）所提出的，认知语义学研究应全面探询语言现象。本书也认为，认知语义学过多地关注从概念到意义构建的认知心理模式，却严重忽视了语言不仅是一种心理表征，语言也是一种交际工具，具有客观存在的外显事物的本质。因此，对于词义的研究不应忽略了语言系统的独立性地位。

2.2 词义研究述评

词汇场、语义成分分析、自然语义元语言和关系语义学理论都是基于语言系统内部的语言符号之间的关系视角，此类词汇语义描写法主要遵循的是对单纯的词语知识进行化简释义的形式描写方法，其研究对象侧重的是语义内容。概念语义学、双层语义学和生成词库理论都是基于语言符号与语言使用之间的关系视角，此类词汇语义描写法保持语义和用法之间存在某种程度上的区别，同时恪守语义描写必须服从于形式表征的前提，遵循的是词语知识加上概念知识、语言语义加上语境调制，是一种具有形化、组合性和生成性特点的词汇语义描写方式，其研究对象侧重的是语义和概念内容。但不论是结构主义或生成词汇语义表征的方法或理论的前提，都认为语义基元或概念基元是相对稳固的语义成分，而且较大语言成分的整体语义或概念可由较小语言成分的语义或概念相加整合而成。如此的研究方法显然过于理想，并不能对自然语言语境中多变的词义问题做出合理的阐释。而认知语义学的心理空间和概念整合理论对于词汇语义的描写方式，正如卡茨和福德（Katz and Fodor 1963）所言，把心理因素引入自然语言的语义描写层面，探究的主要目标不是语言系统的结构，而是语言使用者的能力，即语义学的显性目的，是对语言使用者解释句子的能力进行描写。本书在此认为，传统认知语义学对于意义的在线构建和解读的描写，其主要目标并非对语言系统的词义本身的描写，而是侧重探究语言使用者的思维。换言之，认知语义学的显性目的，是对语言使用者如何思维的认知机制和认知心理进行描写，因此，其研究对象侧重词汇意义的后台认知构建问题。简言之，结构主义语义学在语言系统内部关注语义，而生成语义学则在与概念纠结的历程中关注动态的语义（意义），认知语义学则放弃语义，聚焦于概念的认知机制和意义构建的后台认知过程。西方词汇语义学之路可以简略地概括为，从语义走向概念，又由概念走向意义构建过程之发展路径。但是，在这条路径中，语义、概念、意义三者相对独立，各自离散。语义、概念和意义的区别亦不是特别清晰，如在概念语义学中，把语义、概念和意义统称为概念，而在认知语义学时期，认为语义和概念不可区分，甚至否认语义的独立存在地位。

综述以上词义研究历史，本书在以下三个方面具有新的研究思路：（一）正如上文所言，西方词汇语义学之路对于语义、概念和意义的考察相对独立，各自分散。而本书认为，语言符号侧重语言知识，语言使用侧重概念知识，语言使用者侧重意义在线构建过程，三者在实际的语言理解中缺一不可，词汇语义的描写方式不应该遵循一个孤立的点或两点成一直线的简单连接，而应该是相互联系，具有互通和渗透性的。那么这三者之间究竟具有何样的联系与区别？（二）认知语义学的心理空间理论和概念整合理论，主要涉及的是意义构建过程中的"后台认知"环节，关于语言层面的研究相对较少。但是，一方面，语言直觉告诉我们，词义理解过程中，我们都是根据相对稳定的词汇语义，结合语境而构建出多变的词汇意义；另一方面，语言系统是一个相对独立的、人类独有的结构系统，有其内部的独特运作模式，不完全是概念系统的附属品，在词义构建中必然有着特定的作用。那么涉及词汇层面的语义、概念和意义是否具有认知心理现实性？这种词义理解过程在大脑的"黑匣子"中究竟如何运作？（三）生成词库理论的词义结构描写体系中，对名词和动词采取了不同的处理方式，名词词义通过物性结构的不同角色（如形式、构成、施成和功用等物性角色）直接进行刻画描写，而与名词相结合的动词词义，则通过语义组合机制、手段如纯粹选择、类型调整或类型强迫而获得。因此，可进一步追问，语境中意义构建多变表象的背后是否依然存在某些规律性特征？而且不同词类之间的规律性特征是否具有差异？

此外，本书还需特别提及20世纪末在语用学研究领域中新兴发展的一个分支——词汇语用学。词汇语用学的主要目标是对语境中词汇语义标示不足问题进行语用处理，试图利用语用学的理论背景对其做出系统的、解释性的说明（Blutner 1998；陈新仁 2005；冉永平 2005）。总体说来，对于词义理解，词汇语用学主要依赖两条主要理论途径：一是依据格莱斯（Grice 1991）提出的会话含意（conversational implicature）理论；二是借鉴斯波伯和威尔森（Sperber and Wilson 1995）提出的关联理论（Relevance Theory）。基于会话含意理论的词汇语用学认为，词语的字面表征具有语义上的不确定性，表现为歧义性或模糊性，而要理解这些语义不明确的词汇，需要将语境和百科知识相结合进行必要的语用充实（pragmatic enrichment）（陈新仁 2005）。所谓语用充实，是指言语交际者双方充分调用百科知识和语境可用因素，将语言使用中的各种不确定性词义加以确定化的语言加工过程，这个过程包括将目标词语、短语结构以及话语进行语用收缩（narrow）和语用扩充（broaden）。如"英语考试作文要求至少写150个<u>词</u>。"和"她经过一个星期的英语强化训练，掌握了150个<u>词</u>。"，两个句子中的"词"在特定语境条件下进行语用收缩，前者通过充实"英语作文内容"的百科知识信息，使这150个"词"的语义收缩为150个"词例"或"形符"（token），其中可以有相同的重复词；后者通过充实"英语新单词学习"的百科知识信息，使这150个"词"的语义收缩为150个"词型"或"类符"（type），一般不包括相同的重复词。又如"从严治党，惩治这一手决不能放松，要坚持'老虎''苍蝇'一起打。"其中，"老虎""苍蝇"在特定语境条件下进行了语用扩充，显然，这里并不是指真正动物层面的"老虎""苍蝇"，通过充实"习近平主席决心从严治党、坚决惩处违法违纪的领导干部的政策和决心"这一大背景知识信息,"老虎"的语义可以扩充为"领导干部中职务级别比较高的违法违纪分子","苍蝇"的语义可以扩充为"领导干部中职务级别相对比较低的违法违纪分子"。基于关联理论机制的词汇语用学认为,词语的字面语义在使用语境中出现的语用收缩和语用扩充的调整过程,在词语意义理解层面本质上都是基于最佳关联假定(Wilson 2003)。具体而言,语用收缩过程就是在语境中寻找关联信息的过程;而当词语字面语义不能满足与语境相关联的意义时,听话人就有理由进行语用扩充,直至获得与他所期待的关联。

词汇语用学中的语用充实和最佳关联假定给予本研究很大启发,本书在第 4 章和第 5 章将阐述,词义在概念层面上的词汇概念就是指与词相关的图式性的百科知识,要构建语境中的词汇意义必将要经历词汇概念与语境条件的心理情境模拟过程,而这个过程与词汇语用学的语用加工过程相类似,只是两者侧重的角度不同,本研究更侧重语言使用者的认知思维层面的感知信息加工,而词汇语用学更侧重语言在社会生活层面的交际背景知识。吉拉兹曾指出,语言可以分为两个层面:第一个层面,语言与思维相关,那么,语言就是一种心理表征;第二个层面,语言作为交际工具,那么,语言就是一种客观存在的外显事物,具有外在功能(转引自邵斌 2014)。词汇语用学的主要目标是通过普遍语用机制以及语境和百科知识,解释编码的词义在语用中的缩小或者扩大(Wilson 2003;Huang 2017),对于词义研究更多涉及言语交际、语篇分析层面,主要反映文化和社会环境因素在语言系统中的凝结(即语用的词汇化),其研究假设的前提侧重语言作为一种社交工具以及语言的外在功能角度。本书首先承认语言兼有社交工具和心理表征的两面性,而且两者相互交织、相互影响,但是本书对于词义的研究更多的是侧重语言作为大脑的心理表征这一层面展开,主要聚焦于语言与思维概念结构之间的关系视角。易言之,词汇语用学的意义观预设词义稳定离散,侧重社交功能性和静态描写性;认知语义学的意义观预设词义在线易变,侧重心理表征性和动态构建性。词汇语用学对于词义的研究对我们具有启发性,但是两者处于不同层面,不具有必然的联系。

最后,本章还对学界最新提出的语义图式(semantic schema)问题作概述。语义图式,简言之,就是指在词语多变的语境意义中所包含的某种不变因素。不同学者对它的定义略有不同,如罗伯特(Robert 2008),孔蕾、秦洪武(2017)认为,语义图式是指一个词语的多个语义共同享有的一些相对抽象的语义属性，是一种语义不变量（invariant）。如"路"，语义图式为"通达目标的手段"；"新鲜"，则分别具有客观义图式"被陈述对象短时间内具有的特征"以及主观义图式"对短时间内所认识对象的心理感受"。语义图式的各种不同使用值（usage values）构成其语境中多变的意义（Robert 2008：63）。语义图式对语境中的词义变化具有支持和约束作用。具体而言，支持作用包括语义图式可以实现为具体的用法和词义，反之各实例表达的具体意义共享某一语义图式，两者相辅相成；约束作用是指语义图式约束词义演变的范围、影响词义变化的趋向，使得词义变化具有一定的路径可循（孔蕾、秦洪武 2017）。根据罗伯特（Robert 2008）和孔蕾、秦洪武（2017）的观点，词语的语义图式是词典释义基础上的更抽象的图式知识，而所谓语境意义的变化是指词典的多种不同释义。换言之，他们把词义分成两个客观实体层面，即语义图式和语境意义，采取的是静态的图式观和意义观。本书认为，这样的观点很难解释两者之间的互通性和语义演变等语言本质问题。张韧（2018）采取的是动态的使用事件的图式观和意义观。在评述泰勒（Taylor 2012）的词义消解论和心理语料库（mental corpus）的基础上，张韧（2018）提出，词义实则是使用印记与图式浮现。如 open，语义图式是"封闭状态得到改变"，这是从语境多变的使用意义中抽象出的浮现意义。他反对泰勒（Taylor 2012）否认词义离散存在的激进观点，指出如果把词义完全归于具体搭配，那么词汇的其他语法特征，如名词的单复数形式、动词的时态形式表征、形容词的比较等级形式等该如何处理？具体搭配和典型的熟语或成语又如何区分？这些问题泰勒（Taylor 2012）的心理语料库理论根本无从回答。因此，张韧（2018）采取了相对怀柔的观点，既赞同泰勒把词义归结为语境使用留下的记忆印记，又认为应该重视重复发生的使用事件得到的范畴化过程的组织形式（Bybee 2013；张韧 2018）。他认为，重复发生的词语语境使用事件在不同层次抽象出来便成为强化的一种模式，这种模式即图式，图式来自使用事件，并限制新发生的使用事件。在具体语言理解过程中，语义图式可以充当一个提取节点，分别进入不同的概念域，激活某一具体成分，而这些具体成分得到显影的过程，就是语境意义实现的过程。张韧（2018）对于语义图式的观点能够回答两者之间的通达问题。但是，本书依然疑惑，对于高频使用的词语的语义图式在语言使用者心里可能具有心理现实性，但是对于陌生的新词语的语义图式如何获取？如果一开始就无法获取，那么语境意义又如何构建？语义图式与语言系统的词汇语义如何关联？人们如何从抽象的语义图式构建出语境中多变的意义？难道真如张韧（2018）所言"语义图式+语境激活义"，这个"+"又具有怎样的心理现实性？概言之，语义图式的观点似乎很新颖，很值得研究，但目前还有很多相关问题面临困难。尽管如此，语义图式的观点对于本研究仍具有启示，本书提出，词汇语义主要是基于语言系统中的词典释义，但高频使用的词语或学习者已经非常熟悉的词语在学习者心里也许确实具有更抽象的语义图式存在，而词义构建的始端可能正是语义图式，并不必然是词汇语义。但是，这样的立论暂时无法得到心理实证研究的支持，因此，本书暂时不涉及语义图式问题。

2.3 本章小结

本章以鸟瞰的方式俯视词汇语义研究的演化大趋势，以期能够揭示词汇语义研究理论的发展和词汇语义描写逐渐深入的动因，并为本研究的聚焦和方向定下基调。本书发现，词义问题的探究主要涉及三个层面：语言知识、世界知识和人的认知机制，这三个层面之间如何进行相互作用而使得相对稳定的词汇语义在不同使用环境下构建出多变的语境意义，将是词义问题研究的主要核心。本书拟基于认知语义学理论视角，在以下的各个章节中，深入阐释从词汇语义到词汇意义构建过程中的主体、构建的认知心理过程以及语境中词汇意义的构建规律性问题。

第 3 章
词义构建的认知理论基础

本书的理论基础主要来自认知语义学的理论潮流：具身认知、百科知识意义观、意义构建观和基于使用的假设。其中，具身认知的体验观强调我们对外部世界的描述并不完全是客观的、镜像的反应，而是无意识地加入了自身对事物的主观经验，是其他三种理论假设的基础。百科知识意义观是意义构建观的基础，意义构建观就是基于百科知识图式的概念结构的心理模拟机制，而基于使用的假设使得语言、概念、意义三者之间具有往复循环性。这四种理论假设相互独立，但又具有关联性，是本书讨论词义构建问题的重要理论基础。

3.1 具身认知[①]

人类对世界的体验由身体和神经组织器官构建而成，是认知的结果，这就是具身认知。具身认知由具身体验（embodied experience）和基础认知（grounded cognition）两部分组成。所谓具身体验，是指在人类世界中任何现实其本质并不具有客观性，而是基于我们个体的身体体验（Lakoff 1987；Lakoff and Johnson 1980, 1999；Tyler and Evans 2003；Evans 2016）。所谓基础认知，是指我们大脑对现实的表征并不是对客观现实的完整映像，而是基于身体体验的大脑状态（Gallese and Lakoff 2005；Barsalou 2009；Evans

---

[①] 此章节阐述的具身认知理论主要是早期认知语言学研究领域内的哲学思辨，而对目前心理学研究范式的具身认知发展将在第 5.2 章节中再次阐述。

2010,2016)。具身体验认为,我们身体的本质属性使得我们对世界的认知具有种类特异性(species-specific)。也就是说,我们对现实世界的识解在很大程度上由我们的身体特征所激发。例如,不同生物的视觉器官往往决定了各自视觉体验的范围和属性,人类可以看到整个可见光光谱,包括红色、绿色、白色、黑色、黄色、紫色等;松鼠只能看到蓝色、黄色和灰色;海龟眼睛的光感受器中含有一种红色油状小滴,即使在深海中也能轻易感受到红光、黄光和橙光;毛毛虫的眼睛非常小,仅能分辨光明与黑暗;而体型巨大的鲨鱼的眼睛因含有的视锥细胞极少,几乎看不到任何颜色;响尾蛇则是一种比较特殊的动物,它不仅能够看到红外线范围内的事物,能够在夜间捕捉到猎物,还能够侦察到别的生物散发出来的热度。基础认知认为,即使同一种类中个体成员之间的体认经验也会不同。例如,人类虽然具有相同的嗅觉器官,但是对于榴莲的认知体验却不尽相同,有的人见它垂涎欲滴,而有的人却对它退避三舍。因此,我们感知到的世界以及想到或谈论的现实,本质上是基于多模态的表征,而这些表征来源于我们具身的体验。综简而言,认知基于身体,源于身体(叶浩生 2018)。

具身认知在语言学研究领域,由莱考夫和约翰逊(Lakoff and Johnson 1980: 56-68)在其专著《我们赖以生存的隐喻》中首次提出。他们认为,人类的概念系统多数是隐喻性结构,也就是说,大部分概念都是通过其他概念而被理解。隐喻最初、最基本的来源就是身体经验和感知觉功能,人是以"体认"的方式认知外在世界,心智离不开身体经验。如隐喻结构 THE VISISUAL FIELD IS A CONTAINER(视野是一个容器)(My field of vision was entirely filled by the huge crowd.),是基于我们所看到的事物以及与之相连接的物理空间之间的相互映衬;隐喻结构 TIME IS A MOVING OBJECT(时间是一个移动物体)(Tomorrow is arriving soon.),是基于我们对于客观世界中"向我们移动的物体与流逝的时间,是在向我们靠近"之间的体验对应;而 TIME IS A CONTAINER(时间是一种容器)(He did it in ten minutes.)的隐喻结构,则是基于我们对于客观世界中"事物所占据的有限空间与事物所消耗的有限时间"之间的体验对应,事件和行动都在固定的时间范围内相对应,而使它们可以同作为"容器"。在这部专著中,莱考夫和约翰逊还提出,人类的范畴、概念、推理和心智并不是外部现实客观的、镜像的反映,而是与我们的身体经验、感觉运动系统密切相关。具身认知的体验观此后成为认知语言学的重要理论基础之一。昂格雷尔和施密德（Ungerer and Schmid 1996：1）在论述这种认知体验观时曾以 car 为例：当受试者被问及"汽车"时，他们不仅会描述汽车的形状和结构，如具有类似盒子的外形，有车轮、车门、车窗、方向盘、加速器、刹车，有司机和乘客的座位以及汽车靠引擎发动，还可能提及自身的感觉体验，如乘坐汽车很舒适、速度快，它给人提供便捷和独立，甚至体现社会地位，有些被试甚至还会联想到自己的初恋或者曾经遭遇的交通事故等。昂格雷尔和施密德（同上）认为，人们对事物进行描述的同时，通常会无意识地加入自身对事物的主观经验（如舒适、方便、初恋、受伤等），这种主观经验似乎正反映了我们感知周围世界，并与之交互的方式，这就是语言研究的"体验观"。此后，具身认知假设在认知语言学界迅猛发展起来（Fauconnier 1997；Johnson 2007；Langacker 2008；Evans and Green 2015）。

3.2　百科知识意义观

兰盖克（Langacker 1987：154）指出，大部分概念的特征描写都不止于一个认知域，如［BANANA］，这一概念的域阵（matrix）包含了不同认知域中的诸多知识，如空间域（或视觉域）中的形状特征，空间域与颜色域合成的颜色构型，在味觉、嗅觉域中的位置，以及其他许多抽象认知域的特征，如香蕉可以吃、成串长在树上、产自热带等。那么，在以上这些特征中，哪些应该具有语言内（语义）性质？哪些又具有语言外（概念）性质？换言之，究竟哪些特征属于 banana 的语义，可以放在英语语言中呢？兰盖克（同上）认为，以上所有特征都可以成为 banana 的概念，语言内和语言外（或语义学和语用学）知识的区分基本上是人为的，语义学的唯一可行就是避免这种不切实际的两分法，并承认其意义的百科知识性质。其实，这样的观点不仅来自兰盖克，早在 1980 年海曼（Haiman 1980：331）曾试图将一组有限的特征分离出来，把它们作为描写一个实体的构成成分，因为只有如此，一门语言的语法才能设定为有限的词典词条，而不是开放的百科式描述。但是，研究结果却出人意料，海曼（同上）发现，所有这些对语言知识范围的划定，理由都不够充分，因此他得出结论："词典和百科全书实际上没有区分的可能性，而且从本质上说，区分本身也许就是一种错误的想法"。穆尔和卡林（Moore and Carling 1982：11）甚至持更极端的观点，他们认为，语言表达式本身并没有语义，只有当它们进入不同的知识储备中，我们才能感知其意义。

认知语义学不再将语义和语用的划分作为一个研究的基点，而是采用繁复主义视角，显然，如此意义的概念在本质上是百科知识性的（Geeraerts 2010：255）。前文已经提出，百科知识一般不采取与词语相对应的形式，而是在更大范畴上组织。换言之，词汇意义是相对于大块知识而凸显出来，如果没有大块知识，词汇意义将无法被确切理解，其中最有影响力的理论是由兰盖克（Langacker 1987：184）提出的基体（base）。如以 diameter 为例，该词义"直径"是它指示"圆的部分"的功能。换言之，diameter 的意义是基体（或语义框架）的功能，来自"整个圆"。这个基体还可以提供多个侧面，如 arc（弧，图 3.1a），radius（半径，图 3.1b），diameter（直径，图 3.1c），circumference（圆周，图 3.1d）等。重要的是，每一个侧面的理解都要以基体 circle（圆）为基础（图 3.1）。因此，词的意义既包括侧面（profile），也包括基体。

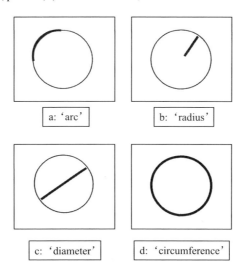

图 3.1　基于同一基体的不同侧面凸显（Evans 2010：34）

总体说来，兰盖克（Langacker 1987，1991，2008）关于百科知识的意义观主要基于语义结构和概念结构等同：知识基体是一个词语意义的部分。他认为百科知识语义学概念可以以清晰完整的方式对语言结构进行自然、统一的解释（Langacker 1987：161）。但是，埃文斯（Evans 2010，2016）认为，语义结构和概念结构是两个不同的表征层面，语义结构提供路径通往概念结构，而概念结构是由结构知识构成的一张大网，也可称为语义潜能，语义潜能在本质上或范围上都具有百科知识性。如 grey，在语言使用中的意义其本质就是大脑感知整个色彩范围的百科知识表征中的一个功能。如：

（1）My hair is really long and I have some **grey** hair already.

（2）For that appearance, she wore a **grey**, patterned pantsuit with a black blouse for the speech.

在以上两个例句中，grey 可以促发不同的感知经验，例（1）中，感知激活的可能是一种"灰白色"，因为一般情况下，头发灰白是指黑发和白发夹杂在一起，远看似灰白，但并不是每一根头发本身变成灰色；而例（2）中，可能激活的是介于黑色和白色之间的一系列颜色特征，深浅不一的灰白色。换言之，grey 的词汇意义产生于语言表征与概念表征的互动之中，最终导致最相关的概念知识在使用环境中被激活。埃文斯的这种百科知识意义观促使每个词例在不同语境中的每一次使用都将产生不同的释解。就如古希腊哲学家赫拉克利特所说的"人不能两次踏进同一条河流"，我们也不可能在两次语境中获得相同的词义。这是因为使用的任何特例都构成了不同的使用事件，而这些使用事件可能激发百科知识的不同部分。

无论是语义结构与概念结构等同，抑或语义结构与概念结构相区分，本质上都认为意义的构建是在百科知识性的概念结构层面上的一次使用事件，这就是认知语义学的百科知识意义观。

3.3 意义构建观

认知语义学认为，语言本身并不编码意义，意义是一种超越语言层面的认知现象。兰盖克（Langacker 1987：194）提出，意义并不是客观给定的，而是被构建出来的，即使作为描写客观现实的表达式也无法例外。因此，我们不能通过描述客观现实来解释意义，而只能通过描述人们理解客观现实的认知常规来解释意义。根据这个观点，意义是在概念层面上的构建过程：意义就是概念化（Langacker 2008：30），是语言使用中的一种心智操作活动，或是话语解读者在具体语境中的协商过程。因此，意义不是一个可以由语言编码打包的相对明晰的实体，而是一种心理认知过程。

意义的构建本质上是基于百科知识意义观的，包括概念结构、组织和包装的不同层面相关的推理机制（Sweeter 1999）。认知语言学内部有两种显著的意义构建方式。一种是关于非语言机制类型，这也是本质上非语言的意义构建的中心部分。这种类型的意义构建过程被称为"后台认知"，本书第 2 章中提及的心理空间理论和概念合成理论，就是两种不同但又紧密相关的后台认知理论。心理空间理论是关于心理空间的本质和创造，是人们在思维和语言使用时建立起来的概念结合的集合；概念合成理论则是解释自然语言的意义的实时构建，以及连接各个心理空间的映射过程，经过概念整合过程，往往产生新显的意义。另一种解释意义的方法，主要来自埃文斯（Evans 2010）提出的"词汇概念以及认知模型理论"（the Theory of Lexical Concepts, Cognitive Models and Meaning Construction，简称 LCCM 理论）。该理论更关注意义构建过程中的语言引导和语言机制的作用，探究语言理解需要词汇概念提供路径通往非语言知识（即认知模型）的方式。因此，LCCM 理论更侧重意义构建中的语言促发作用，相对于典型意义构建的"后台认知"模式，LCCM 理论可以被称为"前台认知"。

总而言之，意义是一个复杂的、动态的认知加工过程，体现了人们的创造力和想象力。因此，语言的意义不是一组以客观事实为基础的真值条件，不是约定俗成的，而是存在于语言运用者个人的概念化活动中的，是在每次使用中协商出来的。认知语义学对于意义的理解体现了意义的在线解读机制本质。

3.4 基于使用的假设

现代语言学的主流研究都非常注重语言系统本身与语言使用之间的区分，如索绪尔（Saussure）语言学理论中做出的第一个重要概念区分就是语言（langue）和言语（parole）。语言指语言结构或语言系统，是言语能力的社会产物和必要惯例的总汇；言语是个人运用自己的技能时的行为，它运用的手段是社会惯例，即语言（Saussure 1916/1959：8-17）。语言是一种语法系统，潜伏在每个人的大脑之中；言语是语言的运用，是语言的具体表现。布拉格学派语言学家特鲁别茨柯伊（1960/2015）区分了音位（phoneme）和语音（phonetics）：音位属于语言，是语言系统中具有区分功能、只能用区别性特征来确定的最小的语音段；语音属于言语，是言语行为中五花八门、千变万化的声音事实。音位是声音的对比功能，是语音的抽象系统；语音是音位的具体发音，是所在音位的变体（allophone）。转换生成语法的创始人乔姆斯基（Chomsky 1986）又区分了语言能力（competence）和语言运用（performance）：语言能力是一个理想的语言使用者对其母语的种种规则的了解和掌握能力；语言运用是人们使用语言的具体行为。语言能力是学习者对母语内在语法规则的内化和心理表征；语言运用是这些规则在实际话语行为中的体现。从索绪尔、特鲁别茨柯伊到乔姆斯基，三人虽然都强调其二分法中前者与后者的密切性和不可分割性，但都认为前者是抽象的、本质的、稳定的，后者是具体的、派生的、变化的，语言学研究都应以前者为主要研究对象。兰盖克（Langacker 1987：494）提出基于使用假设的语言观，使得认知语言学与先前的语言学流派，尤其是生成语言学，在理论和方法上形成鲜明对比。其基本假设是，语言使用者的心理语法不是先天的，而是经由语言使用的情境例示（instantiation）中的象征单位抽象出来而形成的。

采用基于使用的假设，最重要的结果是语言知识和语言使用之间没有原则性的区分，知识源自使用。因此，语言知识，就是语言使用的知识。兰盖克（Langacker 2008：220）认为，小到一个具体语言结构的产生，大至整个语言系统的形成，其本质都是语言使用逐渐固化的结果。一种结构因使用频率增加，随时间的推移固化为一个单位。因此，使用事件是所有语言单位的来源，从使用事件到结构产生须历经两个基本的认知过程：图式化和范畴化。一个语言结构是由语义表征和语音表征构成的象征单位，语义单位从对语言表达的语境理解中抽象而来，语音单位从对语音特征的理解中抽象而来，象征单位则从语义单位和语音单位的配对中抽象而来。上述单位产生的途径依靠的是使用事件的不断重复，甚至固化，并最终建立认知常规。象征单位是图式性的，一旦单位建立，它们即成为构建和理解新的表达式的模板。象征单位和新的使用事件的关系式范畴化，如果图式得到完全体现，则范畴化就是具体化；如果图式被部分体现，则范畴化体现为拓展（邵斌 2015：147-148）。

采用基于使用的假设，首要的结果是不同的象征单位具有不同的固化程度（Evans 2010）。所谓固化程度，是指在语言使用者大脑中，象征单位构建成认知常规过程中的不同固化层级。固化及其固化程度对于不同的语言使用者来说并不完全相同。假定语言系统是语言使用的功能，那么相对频率（relative frequency）将会对语言的语法本质起作用。所谓相对频率，就是指说话人遇到的特定的词语或别的象征单位的次数。使用频率越高的象征单位，其固化程度越高，反之，其固化程度则越低。因此，基于语言使用的模式以及语言系统，主要由最固化的象征单位来构塑，而非那些使用频率不高，不太固化的词语或结构。总体说来，心理语法（mental grammar）来自语言使用，也影响语言使用。

基于使用假设的语言观导致的另一个结果是在心理语法层面出现循环论证。也就是说，心理语法会映射到语言使用中的象征单位，而同时，心理语法又是通过类似抽象等认知能力从使用中抽象概括而来。但正如兰盖克（Langacker 1987：494）所指出的，"认知语言学家把具体使用看作是可从中提取一般规律的基础"，如英语名词的复数形式，即"名词后加-s"这一结构（或语法规则），就是从一系列具体复数名词中提取出来的，如toes、beads、bottles等。事实上，结构无非是这些具体形式的图式化概括。该结构提取出来之后，这些具体形式并未被丢弃，而是和图式共存于说话者的记忆中。因此，象征单位是按照网络层级构建模型的。根据图式-例示关系的层级安排，象征单位可以分为更加图式化和更加具体化的象征单位，上例中"名词后加-s"是一个更加抽象的象征单位，而toes、beads、bottles等则是来自这个抽象图式的更加具体的例示。基于使用的假设认为，"名词后加-s"这个图式是使用中的许多具体例示的特征，它随着这些例示一起在长时记忆中越来越固化，而且，这个图式和具体例示以某种关联的方式储存于大脑语法中。总之，基于使用的假设使得语言与概念、意义之间具有了循环性，打通了语言作为外显事物与心理表征之间的通道。

3.5 本章小结

本章简单梳理了认知语义学的四个理论假设，即具身认知、百科知识意义观、意义构建观和基于使用的假设。具身认知理论认为，客观的世界其本质并不客观，而是基于我们的具身体验的主观世界，而对主观世界的意义表征主要采用繁复主义视角，意义构建基于百科知识意义观。意义是一种超越语言层面的认知现象，其本质是一种概念化，一种心理构建的认知过程；基于使用假设的语言观强调语言使用构成语言知识，语言知识又影响语言使用。以上这些认知理论是本书对于词义构建的主体、过程和规律性特征阐释的最基本的理论支撑。

第 4 章
词义构建主体——
词汇语义、词汇概念、词汇意义

本书在第 2 章中已经提出，前人对词义问题的研究可以简化为从语义走向概念，又从概念走向意义构建之路线，从中可以发现，词义问题的探究主要涉及三个层面：语言层面、概念层面和使用层面。因此，词义构建也就牵涉这三个层面上的三个不同主体，即语言层面的词汇语义、概念层面的词汇概念以及使用层面的词汇意义。在语言层面的词汇语义具有相对稳定性，在使用层面的词汇意义则具有无常性，这是我们在使用词汇时能够感知到的词义问题最显著的特征，而词汇概念是我们大脑认知操作的后台信息基础，直觉一般无法感知到，但实则词汇概念是词义构建的重要介质和纽带。本章以细述语义、概念、意义三者的本质特征为切入点，深入剖析词义构建的三大主体：词汇语义、词汇概念、词汇意义，并对词汇概念的三个基本属性进行阐析。

4.1 语义、概念、意义

关于语义、概念、意义三者的界定以及这三者之间的联系与区别已经在 1.2 中介述，此处不再赘说。但是，语义与概念之间的关系问题在语义学研究领域一直存有争议，下文将首先充分探讨这一问题，以便更加深入地厘清两者的本质特征。其次，认知语义学提出语境使用层面的意义是一种认知心理的构建过程，这样的意义构建观是对传统意义静态观的颠覆，在此也再辟一节进行对比研究。最后，以单词 open 在语境中的多样意义解读为例，详细阐述概念与意义的百科知识性问题。

4.1.1 语义与概念

在 2.1 的词义研究回顾中已经提到，结构主义语义学时期探讨词义问题主要基于语义视角，但是，当卡茨和福德（Katz and Fodor 1963）将语义成分分析的形式主义描写系统与基于心理的概念知识结合在一起时，如此的语义描写观便进入了语义与概念的纠结时期。贾肯道夫（Jackendoff 1983）认为，语义结构就是概念结构，词汇的语义关系如上下位关系、同义关系、蕴含义关系等都可以在概念结构上进行评估。比尔维施（Bierwisch 1987，1988）则认为，语义表征形式是词义的第一层次，概念结构是第二层次。普斯特耶夫斯基（Pustejovsky 1995）则将概念结构层面的百科知识糅合融入语义知识的描写框架之中。

随着认知语言学的发展，关于语义与概念是否等同的问题也引起认知语言学家的关注。其中，最典型的关于语义与概念的观点来自兰盖克（Langacker 1987：154），他认为语义与概念不可区分，语义等同于概念。塔尔米（Talmy 2012）则认为，语义为概念提供框架和内容，语义并不具有与概念相对的地位。另有一部分学者（如 Zwann 2003；Barsalou 2005；Hurford 2007；Taylor and Zwann 2009；Evans 2010）则提出，语义与概念分属于不同的系统，但语义本质上仍是概念。关于兰盖克（Langacker 1987：154）的观点本书在 3.2 关于百科知识意义观中已经论述，此处不再重复。塔尔米（Talmy 2012：21）在探讨语法概念的本质问题时提出，语言系统分为两个子系统：语法子系统和词汇子系统，在词汇形式上则分别体现为封闭语类和开放语类。这两个子系统的本质差别在于：语法子系统中的封闭语类所能表达的语义有限，其基本功能是建构概念框架；而词汇子系统中的开放语类基本上不受语义的限制，其基本功能是为概念提供概念内容。如：

(1) a. A rockstar smashed the guitars.

b. A waiter served the customers.

(1a) 和 (1b) 所指的事件风马牛不相及，然而仔细分析，两者的语法系统完全相同，语义贡献都表示所涉及的事件发生在过去（动词过去式"-ed"，smashed 和 served），事件的受事者都是听话人所熟知的（定冠词 the，the guitars 和 the customer）。两者的巨大差异主要来自词汇形式，如

(1a) 中的 rockstar（摇滚明星）、smash（撞击）和 guitar（吉他），其语义贡献涉及整个事件的参与者以及两者之间动作本质是 smash，这与（1b）中的 waiter（服务生），serve（服务）和 customer（顾客）事件的参与者以及两者之间的关系本质是 serve 相差甚远。因此，塔尔米（Talmy 2012：22）认为，封闭语类独立于事物的本质，具有拓扑性质，语义贡献非常有限，其主要功能是构建概念框架；而开放语类则超越语义限制，可以提供丰富的概念内容。尽管塔尔米（同上）没有明确提出语义等同于概念，但既然语言系统中封闭语类语义受限，主要提供概念框架，开放语类超越语义限制，主要提供概念内容，语义的功能主要是为概念服务，那么，语义就并不具有与概念相对立的地位，语义附属于概念。

埃文斯（Evans 2010）则认为，语言系统与非语言的概念系统之间具有原则性的分离，而这种分离业已被语言学、行为学和神经科学等研究成果所证实。语言学研究表明，人类的概念系统与语言系统并非等同，因为一般动物都具有概念表征，而唯有人类具有语言。行为学已有的研究表明，人类和其他灵长类动物在概念系统上具有连续性，如赫福德（Hurford 2007）提供的证据证明，其他种类的动物，特别是灵长类动物，能够对周围世界进行丰富的表征，包括指证在场或表征不在场事物的能力，并且能够记住过去发生的事情，很多方面均表现出具有命题思维的成分。神经科学研究领域，巴萨卢（Barsalou 2005）也曾指出，猕猴的大脑中有着特定的模态回路表征与社会生活相关的概念知识，而这可以表明猕猴在概念表征上与人类极其相似。而从时间角度考虑，现代人类语言仅在约 20 万年前才发展完全，与更加久远时代就已经发展起来的概念系统不可能完全一致。考虑到语言系统出现相对较晚，而概念系统则久远得多，埃文斯（Evans 2010：176）认为，语言表征系统及其发展应该是对概念系统的补充和丰富，并非仅是对概念系统的重复。埃文斯（同上）虽然区分了人类语言系统和概念系统之间的不同，但是，作为认知语言学家，他终究还是未能冲破认知语言学基础理论的藩篱，他仍然否认语义形式的相对独立性，认为语言结构是概念结构在语言中的编码形式，因此，从这个意义上说，语义依然具有概念的本质。

综合以上认知语言学家的观点，语义与概念并非独立存在的，语义基本等同于或依附于概念。语言的深层机制存在于人的心理意识之中，概念作为思想活动的部分也同样存在于心理意识之中，因此两者必然有联系。

第4章 词义构建主体——词汇语义、词汇概念、词汇意义

但是，本书认为，语言虽然是深植于人的心理意识之中，但同时也作为社会生活中人与人交流的外在显化的交际工具，语言与人类大脑和社会生活相连，但语言更是一个相对独立的自治系统，思维的语言如果被使用得足够频繁就会固化入语言系统，而语言系统中的语言本身也会影响我们大脑的思维。如果承认语言是一个相对独立的系统，在这个系统中的语言是具有声音和文字的可感知的形式，而语义作为语言结构的一部分，也应该是可感知的形式。但是，概念是思想中无形的东西。从这个层面来说，语义和概念不可能是同一的。

跳出认知语言学范畴，关于语义和概念的关系问题，其实在高名凯（1985/2011）的《语言论》中就有非常详细的论述。高名凯（1985/2011：234）认为，把语义与概念等同起来的见解是不恰当的。概念属于思维的范畴，语义属于语言的范畴，如果概念和语义没有区别，思维和语言就要相等了；那么，说不同语言的人就不可能表达同样的思想了，然而事实并非如此。概念的全人类性是明显的，不同民族的语言可以具备不同的语言成分，然而对同一个概念可以具有同样的理解。因此，高名凯（同上）认为，语义是语言成分所包含的内容部分，这是语义不同于概念的根本特点。正因为语义属于语言的范畴，尽管它不属于语音的任何部分，它却必须和语音结合起来，受到语音的制约。同时，语义通过与现实的语音及其在意识中反映的联系，使语音和意识之间也建立起一种特殊的联系，因此，词的语音形式通常比别的现象在意识中的反映所起的作用更大。所以，语义不仅仅是和词语的语音（及其形式）联系着，而且仿佛是词语的结构生了根的因素。

关于语义和语音的关系问题，斯米尔尼茨基（1958）曾经做过细致深入的分析。他认为："词语的语音和语义必须作为一个整体来掌握；这个整体若一旦被破坏，就不可能恢复，因为这个整体的两部分里都没有任何东西能指出与它联系的另一部分。"（转引自高名凯 1985/2011：236）。正因为语义是与语音联系在一起的同一整体内的两部分之一，它要受语音的制约，这种制约表现在各民族的不同约定使语言成分的语义不尽相同。虽然有时概念也需要有语音作为它的物质外壳，但是概念并不一定要和某一特定的语音组合物相结合，它既可以和不同语言之间不同的语音组合物相结合，又可以和同一个语言中的不同语音组合物相结合，例如，同一个概念

【父亲】① 既可以和汉语的"fù qīn"相结合,又可以和汉语的"bà ba"相结合,然而,语义却必得和某一语言的某一特定语音相结合。换言之,概念和语音的结合是"无定"的,语义和语音的结合是"有定"的,尽管这种"定"是"约定"。语义和概念并不相等,但是语义以概念为基础,概念是以单独的一个单位或是和其他概念一同进入某一特定的语言成分,而被表现在这个语言成分里的,不同语言各不相同。语义必得是语义单位的构成要素,具有其在语言的语义结构中的特点,受语言中的语义系统制约,而这些特点则不是概念所具备的。比如,鲍尔斯(Boas 1966:22)曾经指出,达柯塔印第安语(Dakota language)中,有些语言形式上不同的词语所表达的各种动作方式竟然属于同一个概念,如 naxta'ka(脚踢)、paxta'ka(手捆)、yaxta'ka(口咬)、ica'xtaka(逼近)、boxta'ka(冲击)等,都是由一个共同的词根 xtaka(捕捉)派生出来的词,这个词根将上述各术语统辖为一个 xtaka 概念。然而,我们用汉语翻译时,通常需要用不同的语言形式进行细化,由一系列不同的语音组合来表达,表达为各种不同的概念。又如马吉德等(Majid et al. 2007)、包尔曼(Bowerman 2007)、纽曼(Newman 2009)以不同语言种类中的 cut/break(切/割)、eat/drink(吃/喝)、sit/stand/lie(坐/站/躺)等基本动作、状态概念为切入点,分析同一概念内容在不同语言中的表征,发现不同的动词(包括动作状态词)具有不同的语言形式,但是这些不同的语言形式其实质都具有类似的概念内容。

综上所述,传统认知语义学显然过于强调概念对于语言认知的作用,认为语义的本质是概念,语义就是概念。虽然塔尔米(Talmy 2012)和埃文斯(Evans 2010)提出语言系统与概念系统的不同或分离性,但是终究未能正视语言系统独立存在的地位。本书认为,语义和概念具有相同的本质,概念是语义的基础和来源。但是,语义一旦进入语言系统,则受语言中的语义结构和语言系统的制约,因此,此时它已不只是概念之被编码在语言成分里的形式,而是具有与概念相对的独立地位。在实际的语言学习和使用中,语言语义形式不可或缺,人们凭借语义知识,语言社团的任何成员才可以理解与该词语有关的表征内容,顺利进行交流。同样的,概念亦必不可缺,它是语义的后台信息基础,语义通过概念反映客观事物。

---

① 本书拟借用"【 】"表示词汇概念,以此区别于词汇语义。

4.1.2 意义的静态观与构建观

布卢姆菲尔德（Bloomfield 1933：116）认为，意义是说话人发出语言形式时所处的情境和这个形式在听话人那儿所引起的反应，而其中引起人们说话的情景包括人类世界中的每一件客观事物和发生的任何情况。因此，布卢姆菲尔德（同上）强调，意义就是人类的知识或信仰，而语义学的任务就是对其做出整体的描写。利奇（Leech 1981：9）则主张意义分类思想，将词汇的意义分成七种类型：概念意义（conceptual meaning）、内涵意义（connotative meaning）、社会意义（social meaning）、情感意义（affective maning）、联想意义（reflected meaning）、搭配意义（collocative meaning）和主题意义（thematic meaning）。王文斌（2001：263）在利奇的七种意义类型之外，又增加了语法意义（grammatical meaning）、习语意义（idiomatic meaning）、地域意义（local meaning）和语用意义（pragmatic meaning）。莱昂斯（Lyons 1977：50-52）将词义分成描述义（descriptive meaning）、表情义（expressive meaning）和社会义（social meaning）。也有学者，如汪榕培、李冬（1983：72）将词义分成语法意义和词汇意义两大类，而词汇意义又细分为概念意义、内涵意义、文体意义、感情意义、搭配意义；曹炜（2009：4）将词义分成理性意义、色彩意义、文化意义和联想意义，而色彩意义又包括感情意义、语体意义和形象意义。以上传统语义学研究对意义的分类，尽管分出的类型五花八门，但仔细甄别，主要是在几种重要意义类型（即概念意义、内涵意义、感情意义、搭配意义等）基础上的筛选或增加。这些意义的实质都是认为意义是相对固定的，可以用语言进行形式化方式进行描写和表征。本书认为，这是最为典型的意义静态观。

而到了生成语义学时期，学界注意到语境中的意义往往具有动态性和变化复杂性，因此，语境中的意义问题引起了诸多语义学理论的思考，如前文提到的概念语义学、双层语义学、生成词库理论都试图通过各种不同的方式对语境意义内容进行描写。概念语义学中，贾肯道夫（Jackendoff 1983，1996）试图通过把词语语义信息与词语出现的句法环境联系起来的方法，将语言形式与其他认知模式相结合来解释意义的灵活性。双层语义学中，比尔维施（Bierwisch 1987，1988）试图通过语言层面和语境层面双层调制的方法，解释语境中意义的灵活性和创造性用法。生成词库理论中，普斯特耶夫斯基（Pustejovsky 1995）通过词汇的词义结构描写体系和语义组合机制来对语境中的意义多变性进行描写解释。这三种理论和方法都承认，意义具有动态性、易变性和流动不居的特征。但是，他们还是冀望这种与语境共变的意义特征，依然可以通过成分分析的方法、组合机制以及生成模式，进行形式化的表征和描写。本书认为，这样的意义观其本质上忽视了意义构建过程中语言使用者的主观能动性，从这个层面上说，仍属于相对的意义静态观。

1982年，墨尔和卡林（Moore and Carling 1982：11）在专著《语言理解：面向后乔姆斯基语言学》（*Language Understanding: Towards a Post-Chomskyan Linguistics*）中提出，意义不是词或句子的本质属性，而是一种浮现特征（emergency property）。他们反对词语意义的"容器"观或"载体"（conveyor）观，认为在语言使用过程中，意义并不能从某一个体传递给另一个体。墨尔和卡林（同上）明确指出，涉及意义的问题，应该将重点从语言转向语言使用者，每一位语言使用者都是具有知识基础的个体，任何个体的知识基础都不是静态的信息储备，而是一个自我组织、自我调整的动态系统，这个系统时刻准备接受新知识的输入。意义的理解过程就是个体寻找这个不断调整的知识信息路径的过程，而每一次意义的理解又都能促进新的知识信息储备。这样的意义观恰巧与认知语义学关于"意义就是概念化"（Langacker 2008：30）的主张如出一辙。认知语义学认为，意义不是简单的概念，而是概念化。概念化具有动态性本质，是从一个概念化转换到另一个概念化的心智经验（Langacker 1987：138），在认知加工过程中展现（unfold）出来；概念化是复杂的认知加工方式，包括语言内部和语言外部多个认知域、多个维度、多个层次的组织活动（Langacker 1999：362）；概念化的世界是一个业已经过人类认知过程折射的世界，或者说是一个"人化"的世界，它与真实世界之间存在差异，这两个世界之间没有直接的对应关系。语言理论只能描述这一概念化世界的结构，与独立于语言之外的真实的客观世界无关。因此，意义不是一组以客观事实为基础的真值条件，不是简单的约定俗成，也无法通过组合机制来调解或通过强迫而生成，意义存在于语言运用者个人的概念化活动过程，是在每次使用中协商出来的。正如汉克斯（Hanks 1994，2013）所言，意义与语境捆绑在一起，是事件而非实体，它取决于说话人与听话人的参与以及意义潜势与语境的互动。兰盖克（Langacker 2017）也再次强调，语言的意义不是自足的或能被严格限制的，而是建立于我们的概念化活动之上，建立于我们的世界知识之上，而根本无法分离开来。

总言之，意义不是固定的语言知识，也无法用形式化的方式进行表征和描写。意义属于使用范畴，是在特定语境中，说话人基于概念图式知识所积极构建的事件。反之，意义的构建过程也就是概念形成的过程，而概念一旦形成则又成为新的意义构建的基础。根据心理学研究成果，语境中的意义构建过程本质上是一种基于语言与情境模拟反复融合和交互作用的认知心理过程[1]。

4.1.3 概念与意义的百科知识性

在前文 3.2 中已经提到认知语义学的理论基础之一是百科知识意义观。兰盖克（Langacker 1987：154）认为，语言内和语言外知识的区分基本上是人为的，两者很难区分，或许区分本身就是一种错误的想法。此处不再赘述理论上的思辨，而是通过单词 open 的实例，细致阐述概念和意义具有百科知识性的问题。首先，看 open 在句子语境中做字面义解释的情况。在以下八个句子中，open 的语义可以解释为"打开，即致使某物体移动或展开"。

(2) a. John *opened* the window.

　　b. John *opened* his mouth.

　　c. John *opened* the book.

　　d. John *opened* his briefcase.

　　e. John *opened* the curtains.

　　f. The carpenter *opened* the wall.

　　g. The surgeon *opened* the wound.

　　h. The sapper *opened* the dam. 　　　　　（Evans 2010：9）

（2a）中，open the window 一般指"用手推开窗户"；（2b）中，open his mouth 指"通过肌肉伸缩的作用使嘴巴张开"；（2c）中，open the book 指"用手或手指翻动书页，使书本保持打开的状态"；（2d）中，open his briefcase 指"用手打开他的箱子"，其中可能需要有特定的钥匙或者密码；（2e）中，open the curtain 指"用手动或自动的方式使得窗帘被移动到窗户两边"；（2f）中，open the wall 指"凿开墙体"，其中需要木匠操有特殊工具或设备，并采用一定的方法技术才能凿开墙体；（2g）中，open the wound 指"切开伤口"，其中需要医生用特定的手术刀，轻轻切开病人的皮

---

[1] 关于"语言与情境模拟"的认知心理过程内容将在第 5 章详述。

肤为使清理伤口或做切除等特殊处理；（2h）中，open the dam 指"砸开堤坝"，其中可能需要使用铁锹，用力开凿挖土才能"开堤坝"，或许需要使用大型挖掘机，甚至炸药等特殊开堤坝的方式，也需要有经验的开挖掘机的司机，甚至爆炸专家才能完成。

显然，open 在不同句子语境中的意义解读可谓千差万别，而这种"千差万别"之中，其实均遵循一条基本规律，那就是围绕特定事物或事件的百科知识的功能或作用。也就是说，基于特定语境中 open 的意义构建或解读，实则包含了不同事件、施动者、受动者以及动作目的等多层面的百科知识，而意义构建或解读的过程，就是对这些概念图式知识中某一方面的选择或凸显的过程。

下面再看 open 在相对隐喻性句子中的意义构建情况。

（3） a. The discussant *opened* the conversation.

b. John *opened* the dialogue.

c. John *opened* the meeting.

d. John *opened* a bank account.

e. The Germans *opened* hostilities against the Allies in 1940.

f. The skies *opened*.

g. He *opened* his mind to a new way of thinking.

h. He finally *opened* up to her.　　　　　（Evans 2010：10）

以上这些例句中 open 的语义相对抽象，似乎并没有任何实质性的物体被真正移动或打开，更多的是表达事件的开始或着手实施，但实质上每一个 open 的方式依然展现出百科知识性。如（3a）和（3b）中，open the conversation 和 open the dialogue 都是指"两个人或更多参与话题的人开始或继续某个话题"，这个话题可以面对面或通过信件或电话、视频等方式进行，open 侧重于"相互交流的开始"；（3c）中，open the meeting 则一般需要特殊的施动者，如"会议的主持人或相对重要的人物通过演讲等形式宣布会议开始，并推动会议活动的进程"，open 侧重于"某个事件或活动的正式开场"；（3d）中，与前三句主要通过语言行为来作为活动交流的开始不同，open a bank account 指"开一个银行账户"，这一般都有严格规定的流程或程序，可能需要填写一些表格，接受银行工作人员的询问，最后得到书面的批准等系列手续，当然在不同的银行开账户的程序也都不同；（3e）中，open hostilities 则指"公开进行武装冲突"，而这个事件的开始需要处于特定情境中的特殊施动者；（3f）中，the skies opened 指"天空突然下起猛烈的大暴雨"，这是一种隐喻的表达，事实上天空并不会被打开；（3g）和（3h）中，open his mind、open up to her 则是指"思维或情感方面的改变，也许在语言、身体或者情感互动中变得更加包容和开放"。

可见，以上句子中的 open 从对话、话题事件的开始到思维和情感的包容和开放，这些隐喻意义距离 open 的基本语义"打开，即致使某物体移动或展开"越来越远。但是，为何我们可以根据这个基本语义以及周围语言成分，仅凭直觉就可以轻而易举地构建出这些复杂多变的隐喻意义？本书认为，此处，open 在语言层面的基本语义主要起指示和导引解读者进入概念层面深层加工的作用，在概念层面进行相应事物或事件情境的心理模拟过程是构建出语境中特定意义的关键。而在概念层面的相应事物或事件情境，就是我们曾经感知或已经知晓的经验图式性知识，具有百科知识性；同理，基于概念层面而构建的语境意义显然也具有百科知识性。简言之，概念和语境意义均具有百科知识性。

综合绪论中对于语义、概念和意义的分析，以及上文对于语义与概念、意义构建观与概念、意义的百科知识性问题的阐释，本书此处对语义、概念和意义三者之间的联系与区别进行归纳总结。语义属于语言范畴，表现为稳定而惯常的语言知识；概念属于思维范畴，表现为芜杂而开放的心理图式知识；意义属于使用范畴，是基于具体语境对概念图式知识在线构建的一种心理认知过程。概念是大脑认知的后台信息，是语义的基础和来源，而语义有赖于概念来反映世界之事物或现象；意义是形成概念的过程，而概念一旦形成则可以成为新的意义构建的基础。由此可观，概念、语义和意义三者相互独立，但又紧密相连，而将这三者置于词汇层面，分别可得到词汇概念、词汇语义和词汇意义。

4.2 词汇语义、词汇概念、词汇意义

"角者吾知其为牛，鬣者吾知其为马"（韩愈《获麟解》），即依凭"角"和"鬣"，我们可以区别牛和马。但是，我们对牛的感知信息远不止于其两角，对马的感知信息也不止于其鬃鬣，如：牛还具有其脚趾有蹄、力量很大、能耕田拉车等特征；马还具有四肢强健、善跑、可供人骑或驮物等特征。同时，在特定的词语使用中，"牛"的意义也未必就是指牛角，

"马"的意义也未必就是指马鬃。如成语"力大如牛",所侧重的就是牛"力量大"这一特性;成语"万马奔腾"所突显的则是马"善跑"这一特性。那么,在实际使用中,词语的语言知识、概念知识及动态的意义构建究竟如何实现其表征?这就关涉词汇语义、词汇概念及词汇意义三个要素。

4.2.1 词汇语义与词汇意义

在以往的词义研究中,学者们注意到了词义的稳定性与多变性特征,并试图对它们做出区分。如 2.1.3 中提到,早在 19 世纪 80 年代语文语义学时期,保罗(Paul 1920:75)对词汇的通常意义和偶然意义做了区分,认为通常意义,是指一个语言社团成员共享的既定意义,而偶然意义是指通常意义在实际言语中的调整。换言之,通常意义往往就是词典中的释义,偶然意义就是一般概念在特定话语语境中的具体化。克鲁斯(Cruse 2011:119)则提出本意(purport)和意义的区分,认为本意是指与词汇形式相关联的相对固定的概念内容,而意义则是指具有高度语境依赖性的识解(construal)。本意一方面限制语境意义的识解,另一方面为意义识解过程做出贡献。汉克斯(Hanks 2013:65)区分了意义潜势和意义。汉克斯(同上)认为,严格说来,独立存在的词具有的是意义潜势,而非意义。真实的意义应该是在句子或语篇中,可以被看成事件,只有当人们使用词的时候才能存在。语篇可以激活词汇意义潜势中的不同成分,也就是说,语境可以决定哪一成分或成分组合被激活,进而显现不同的意义。意义与语境捆绑在一起,是事件而非实体。它取决于言者与听者的参与,以及意义潜势与语境的互动。

国内也有学者(如苏宝荣 2000;汪榕培 2002;白解红 2000;吕晓玲、杨振兰 2015;等等)将词义分为语言意义与语用意义、静态意义与动态意义,或称语境中的意义为词义变体等,以区分词汇的不同意义。苏宝荣(2000:156)指出,语文词典所收录词的义项是该词常用的、稳定的语义,人们称之为语言义;而词在特定语境(包括特定交际背景或特定上下文)中临时的、灵活的意义,人们称之为语用义(即前人所谓的"随文释义"之"义"),这种意义是不宜收入辞书的。苏新春(2008:53-57)也提出词义有静态和动态之分。静态的词义是词的固定义,即一个稳定存在、与词形结合得相当紧密的意义,主要以词典中的义项形式存在的意义;动态的词义是词的临时义,即随时因语境而藏匿无定、在具体的上下文中临时获得的词义。汪榕培(2002:298)指出,词的语用意义与词的语言意义相对,语言意义包括词汇意义和语法意义,前者是词基本的意义,一旦固定下来，具有相对的恒定性；后者是词所体现的语法范畴传递出来的信息，如所指称的事物是单数还是复数等（如 dog 和 dogs 分别指称事物的单数和复数意义），这两个方面的意义一般来说都可以在词典中找到。与此相对，词的语用意义不是词自身固有的，它是在语言运用中临时产生的意义，是为一定的语用目的服务的。这种意义常因人、因时、因地而异，具有一定的临时性、不稳定性、主观性和感情色彩。因此，汪榕培（同上）将词的语用意义定义为：语言运用者在一定的语用目的支配下，在语言运用过程中，以语境或上下文为参照而赋予一个词的临时意义。詹全旺（2010）则从词汇语用学的角度提出，在人类的思维中存在着类型概念（type concept）和实体概念（token concept）。所谓类型概念，是指人们为了更好地了解世界，更容易地记住事物和现象以及从大脑中提取关于这些事物和现象的信息，就把大脑中的知识结构化，也就是，根据事物和现象具有的共同特征把相似的事物和现象归为一组，然后用一个词来描述。这个词所编码的就是人们思维中的类型概念。类型概念是以抽象形式存在的心理实体，具有语境独立性、普遍性、稳定性、表征性和计算性等特点。而当一个词在某一具体的话语中使用时，听话人结合语境信息和关联期待对该词所编码的类型概念进行调整所获得的结果，就是实体概念。实体概念具有语境依赖性、当地性、灵活性和临时性。听话人在关联期待的引导下，把词语编码的类型概念的知识以及由语境激活的其他相关知识从长时记忆中提取到工作记忆中，构建实体概念。词义可分为词的语言意义和词的交际意义，前者由类型概念提供，后者由实体概念提供。

可见，无论对于使用层面的意义采用的是静态观还是动态观，学界均试图甄别语言结构层面的词汇语义和语言使用层面的词汇意义。但遗憾的是，均未能明确指出这两种意义实则体现了词义的两个不同层面，即相对稳定的意义实则是语言层面的词汇语义，而语境中多变的意义是语言使用层面的词汇意义。基于前文对语义和意义的本质属性的厘清，词汇语义，正如语义，是语言范畴中的一个实体，是词语结构的基本要素之一，因此，词汇语义在语言社团内部具有规约性特征。词汇意义，正如意义，是使用范畴中的一个事件，是语言使用者的一种在线心理模拟和构建过程，因此，词汇意义具有与语境共生的易变特征。在实际词义理解中，词汇语义与词汇意义虽然是我们平时能够感知到的两个极点，但两者之间并非直接相连或互通，它们需要词汇概念作为后台认知基础。因此，词汇概念是词义三个层面中至关重要的介质和桥梁，它的两端分别与词汇语义和词汇意义具有直接的相互连接性。

4.2.2 词汇概念

所谓词汇概念，顾名思义，就是指与词汇①相联系的概念内容或概念结构。概念内容往往包括繁复、芜杂的感知信息，以及主体经验客体时所产生的知觉及情感体验等，此类概念内容经过整合而形成相应的概念结构。如 red 的词汇概念【红色】，就是指与 red 相关联的概念内容，包括人所感知到的客观事物的一种颜色特征，如血液的红、秋天枫叶的红，以及人感知此类红色事物时的情感体验，如可以感觉温暖、充满激情，也可以顿觉危险、警惕等，这些丰富的感知信息和情感体验在人的记忆中留下印迹，构成关于 red 的概念内容，并经整合而形成概念结构，成为人类概念系统的一部分。

贾肯道夫（Jackendoff 1996）在其概念语义学理论中强调，语义成分本质上具有概念性，而涉及词汇所表征的概念，即词汇概念，是指由一系列普遍概念所构成的、与词形相连的意义（转引自 Murphy 2010：59）。显然，贾肯道夫在此是将词汇概念等同于词汇语义或词汇意义。

埃文斯（Evans 2004，2006，2010）在其 LCCM 理论中提出词汇概念，认为词汇概念是语音和语义匹配的符号单位（symbolic unit）。在语音层面，将语言内容编码，与各种语音载体如词、黏着语素等相连；在语义层面，提供路径通向概念结构。埃文斯在此显然是将词汇概念和词汇语义糅为一体，但其提出的词汇概念具有提供路径通往概念结构的功能，为本书探究词汇概念提供了一条重要的研究思路。王文斌（2001：289）提出，词的语义是指我们对某个词所具有的知识，可以有两种理解：一是对这个词基本的本质特性的认识，类似于一般词典中的定义；二是储存于大脑中的有关一个词的所有知识，其内容的丰富性远远超出第一种的理解。王文斌在此区分了语义的两种理解，而其第二种理解其实质类似于本书所言的词汇概念，但他并未使用词汇概念这一术语，同时对这两种理解之间的关系也未曾做出深入的阐释。

本书基于语义、概念和意义的联系与区别，认为词汇概念属于概念范畴，是与词汇相关联的一种心理表征或概念表征。词汇概念是词汇语义和

---

① 本书在此所说的词汇概念，主要涉及实词（如名词、动词等），暂不考虑虚词（如介词、连词等）。

第4章 词义构建主体——词汇语义、词汇概念、词汇意义

词汇意义的后台信息;词汇语义来源于词汇概念,并依托于词汇概念来映显客观事物;词汇意义依凭词汇概念在具体语境中积极构建,而词汇意义的构建过程有助于词汇概念的形成。

4.2.2.1 词汇概念的两极性

鉴于概念是语义的来源和基础,而语义有赖于概念来反映世界之事物和现象。因此,词汇概念是词汇语义的来源和基础,而词汇语义有赖于词汇概念来昭示客观事物或现象,两者具有本质上的关联性。高名凯(1985/2011:234)曾在其《语言论》中提出,既然语言成分可以在同样的语音物质外壳里包含不同的意义(例如同音词和多义词),这同一个物质外壳也可以同时作为概念和语义的物质外壳,因此概念也可以落脚于语义之中。王文斌(2009b)也曾提出,词在多半情况下就是人类表达对客观世界诸事物认知所形成的概念载体,而概念在人类认知世界中的存在则常常以词为载体固化人类对客观世界诸事物的认识。就这一意义而言,词就是概念在语言中得到借用的形式,而概念就是词在语言中所承载的意义。鉴于此,本书认为,特定的词汇概念可以寄寓于特定的词汇语义,与词汇语义享有相同的物质外壳。如此,词汇概念表现出两极性:一极与语言系统相连,即其寄寓于语言物质外壳;另一极与概念系统相连,即通往与特定词汇相关联的概念结构。综上所述,词汇概念打通了语言系统与概念系统之间的路径。词汇概念的两极性,可通过以下例句可得到更为清晰的阐释。

(4) a. John painted the ***door*** brown.

   b. I walked through the ***door*** to the kitchen.

(5) a. The baby can finish the ***bottle***.

   b. The baby can break the ***bottle***.

例(4)中的 door 具有相同的词汇语义"门",但两者却具有不同的词汇意义的解读,即(4a)中的 door 指"物质性的门",(4b)中的 door 指"门所形成的空间",两者处于图形与背景正好相反的位置。同理,以上例(5)中的 bottle 具有相同的词汇语义"瓶子",但是两者却具有不同的词汇意义的解读,即(5a)中的 bottle 指的是"容器中所装之物",(5b)中的 bottle 指的是"容器本身",两者也处于图形与背景正好相反的位置。那么,我们何以能毫不费力地解读出 door、bottle 在特定语境中的不同的词汇意义?其实,这正是因为词汇语义"门""瓶子"在反映客观事物时,必然依托于词汇概念【门】和词汇概念【瓶子】,而如上所言,词汇概念具有

两极性特征：一极与词汇语义的物质外壳"门""瓶子"相连，另一极则通往关于"门"和"瓶子"的概念结构，而在"门"的概念结构中包含物质性的门、门所形成的空间，甚至包括门上的锁、钥匙、猫眼等各种属性特征。同理，在"瓶子"的概念结构中包含瓶子本身、瓶子中所装的物体，甚至包括瓶塞、瓶盖或者瓶子的形状、图案等，凡是与瓶子相关的百科知识都被包容其中。而例（4）和（5）中 a 和 b 得到不同的词汇意义解读的过程，其本质就是解读者在具体语境中的识解操作和协商过程，而最终表现为对"门"和"瓶子"概念结构中的某一特定侧面的择取或凸显。

4.2.2.2 词汇概念的包容性

说词汇概念具有包容性特征，往往会引起误解：认为词汇概念本身就是一个可由语言直接编码的相关知识的复杂体，由此形成类似语义联合体（semantic unity）。但是，事实并非如此简单。上文已经阐明，词汇概念属于概念范畴，而概念属于思维范畴，因此，词汇概念本质上并不属于语言；再者，概念内容往往具有繁复性和庞杂性，主要建基于个人的生活经验，因此，词汇概念本身无法也难以直接编码这些具有多元性和扩散性的复杂信息。本书在此所谓的包容性，是指词汇概念具有将语言与概念这两个不同系统连接在一起的特性，其中语言系统能提供可及路径以通达概念系统。具体而言，词汇概念和整个概念系统之间具有许多相关联的区域，即联合区域（association area）。所谓联合区域，是指源自词汇语义和概念结构的内容相互作用的汇聚点（a point of convergence），诸多汇聚点可组成联合区域。而一系列类似的联合区域可以构成可及位置（access site），提供路径从词汇的语言层面通往概念层面。显然，联合区域的产生主要是基于语言的使用模式，特定的语言使用频率越高，联合区域就越强大，可及位置就越容易形成（Evans 2010：133，205）。

下文例（6）中的五个 apple，其词汇概念【苹果】的包容性特征主要表现为：源自语言结构的词汇语义"苹果"与其相应概念结构中的某特定个体或类别的表征相互作用，形成汇聚点以构成联合区域，而所有这些联合区域可以构成一个可及位置，提供路径从词语 apple 的语言层面通往其概念层面。

(6) a. He took a large bite of his ***apple*** and finished his statement with his mouth full.

b. ***Apple***, Microsoft and Google all changed the world with their innovations and built steadily growing business that enriched investors.

c. In December, he confirmed to TMZ that he would undergo a laryngeal shave to smooth his Adam's ***apple***.

d. Then, in college, studying physics—Newton's ***apple***, you know? I was delighted all over again.

e. China's Internet pop sensation the Chopsticks Brothers, whose viral hit "Little ***Apple***" has been viewed more than 1 billion times on China's popular video websites, won the International Song Award at the 2014 American Music Awards on Sunday.

（6a）中，apple 的词汇概念【苹果】提供的路径所通向的概念内容是关于苹果的基本属性，如苹果果实球形，味甜，口感爽脆，是一种低热量食物，含有丰富的营养，有相关的谚语如 An apple a day keeps doctors away 等；（6b）中，apple 的词汇概念【苹果】提供的路径所通向的概念内容却完全不同于（6a）的水果范畴，而可能是被咬了一口的苹果图案，也可能是苹果品牌的手机、电脑、Ipad 等高新技术产品，也可能是苹果公司创始人史蒂夫·乔布斯，苹果公司在高科技领域的创新精神等。（6c）中，Adam's apple 词组的整体语义为"（男人）的喉结"，但其字面语义却是"亚当的苹果"，因此，apple 的词汇概念依然是【苹果】，但其提供的路径所通向的是完全不同的概念内容：根据《圣经》记载，上帝造人之初，生活在伊甸园里的亚当和夏娃因为听信蛇的谗言，偷吃了智慧树上的苹果。而正当他们享受苹果的美味时，被上帝发现，亚当在惊慌失措中将一片苹果卡在喉咙里，而作为惩罚，上帝就让这片苹果永远留在他的喉咙里，成为男性的喉结。（6d）中，Newton's apple 整个词组的整体语义经过转喻后指代"牛顿发现的万有引力定律"，但其字面语义即"牛顿的苹果"，因此，apple 的词汇概念依然是【苹果】，但这个苹果所提供的路径通达另一个不同的概念内容：少年时代的牛顿在母亲的农场里休息时，被一个熟透的苹果落下来打在头上，由此得到启迪而发现了万有引力定律。在（6e）中，Little Apple 词组的整体语义是"小苹果"，是筷子兄弟组合创作的一首流行歌曲的歌名。此词汇概念【苹果】提供的路径所通达的概念内容，其最显著的可能是广场舞音乐或 gangnam style 的舞蹈，该舞蹈节奏感强，给人自由轻松的感觉，也可能是《老男孩猛龙过江》的电影及电影中老男孩对青春和美丽爱情的怀念和向往的情感表达等。

由以上各例可见，apple 的词汇概念【苹果】虽然都寄居于相同的语言语义的编码形式，但在不同的语境中，这个词汇概念所提供的路径却通向了"苹果"概念结构中不同的概念内容，而这种将语言和概念结构连接的特征就是包容性，包容性是词汇概念两极性的本质体现。同时，包容性特征又决定着词汇概念的另一重要特征，即选择趋向性。

4.2.2.3 词汇概念的选择趋向性

关于语言具有选择趋向性特征，认知词汇语义学（如 Evans 2005, 2006, 2010; Dąbrowska 2009）和语料库语言学（如 Atkins 1987; Sinclair 1991; Hunston and Francis 2000; Gries and Divjak 2009）研究领域对此早有见解。埃文斯（Evans 2010: 31）认为，所谓选择趋向性，是指词汇语义中包含了可以与别的词汇共现的语义论元的类别和范围，以及在语法构式内与某个特定词的词义可以共现的一种趋向性表现。辛克莱尔（Sinclair 1991: 43）提出，语言使用绝不只是把词表中的词随意填入语法框架。譬如，并非所有的形容词都能置于 too *adj.* to do 这个结构中，我们可以说："This math question is too hard for me to answer it."，但却很少说："*This table is too light for me to lift it."，这是因为句子中的词汇语义之间具有趋向性特征，但 too light 和 can't lift it 之间不具有趋向性，而是具有相斥性（转引自王文斌、邵斌 2018: 142）。显然，以往对于语言具有选择趋向性特征的阐释主要侧重于词汇语义或者句法形式层面。本书基本同意前人的研究，但同时指出，无论词汇语义或句法形式层面的选择趋向，其实质都是因为词汇概念。语言层面的词汇语义或句法形式犹如在前台的演员，而词汇概念，即与词语相联系的概念结构，犹如处于幕后的导演，我们能够感知到的演员的表演必然受到幕后导演的操控，也正因如此，本书认为，词汇概念对语言的选择趋向性特征起着本质上的决定作用。然而，又因为词汇概念寄居于词汇语义之中，换言之，即词汇概念中或多或少的内容被编码成了语言知识，这些语言知识对于一个特定的词汇概念来说就是其使用潜能，这些潜能体现于语言使用，而从诸多语言使用事件中抽象出来的语义或形式共现的模型就是选择趋向。因此，词汇概念的选择趋向性特征在语言层面主要表现为两个方面：一是寄寓于语义共现，即语义选择趋向（semantic selectional tendencies）；二是体现于形式共现，即形式选择趋向（formal selectional tendencies）。

语义选择趋向，指的是与某一词汇语义共现或对这一词汇语义所在其

第4章 词义构建主体——词汇语义、词汇概念、词汇意义

中的多个词汇语义的选择。克鲁斯（Cruse 1982）曾指出，句子构建中，语义上靠得很近的词语，彼此并列毫不奇怪，而语义上分开很远的词语，彼此并列则可能不相容。如例（7）：

(7) a. John likes **blondes** and **racehorses**. （有生命的）
    b. John likes **racehorses** and **fast cars**. （速度快的；价格高的）
    c. John likes **cars** and **elegant clothes**. （价格高的）
    d. John likes **elegant clothes** and **expensive aftershave**. （价格高的）
    e. John likes **expensive aftershave** and **vintage port**. （与口有关的）
    f. John likes **vintage port** and **marshmallows**. （可食用的；无生命的）
    g. *John likes **blondes** and **marshmallows**. （有生命的与无生命的并列，显得突兀）

克鲁斯（Cruse 1982）在此注意到，包含两项并列词类的句子，总是由于某种语义上的统一性或相关性而能成句，并不会让人产生怪异的感觉。但是，若把这些句子中的第一项 blondes（金发女郎）与最后一项 marshmallows（棉花糖）并列起来，就会产生一种令人别扭的句子，如（7g）。吉拉兹（2013：225）指出，在名词性词语的并列中，最基本的习惯就是不将人类名词与物品名词并列，否则容易产生将此人"东西化"的嫌疑。

以上是名词与名词之间在语义选择趋向上的显著特征，其实，名词与动词之间也会体现出语义选择趋向性特征，在此以 time 为例：

(8) a. **Time** flies when you're having fun. （持续的时间）
    b. The **time** for a decision is getting closer. （时刻）
    c. The old man's **time** [=death] is fast approaching. （事件）
    d. **Time** flows on (for ever). （线性矩阵）

(Evans 2010：142)

time 在以上各句中均作主语，而且其相应的谓语动词如 fly、get、approach 和 flow 都是事件动词。换言之，由主语 time 所激发的动作都可归于特定的事件中。但是，每个句子中 time 的语义却不同，如（8a）的语义"持续的时间"，指的是时间维度上的评估；（8b）的语义"时刻"，指的是在一个特定的时刻做了一个特殊的决定，此处时间是一个离散的瞬间；（8c）的语义"事件"，可通过语境得知，此处是指死亡，即一个特殊的事件；（8d）的语义"线性矩阵"，指的是永不停止的时间流逝，由此可以认

为，时间就是一个矩阵，在这个矩阵中所有其他的事件都可能或可以出现。显然，time 在此所表征的语义具有本质的不同，因此其要求匹配的谓语动词所指示的动作事件类型也不尽相同。如语义"持续的时间"往往趋向于和快速的动作事件互相共现，如 fly、go、fast 等。相反，语义"时刻"往往趋向于和一个更大范围的动作事件互相共现，包括一些无法察觉的、快速的或终点性的动作，如 get close、come 等。语义"事件"则限制了动作的范围，往往趋向于和终点性的动作事件互相共现，比如终止于某个体验点，如 approach、arrive 等。而语义"线性矩阵"所表征的动作事件往往不具有终点性，其最典型的语义选择趋向就是与动词 flow 共现。

形式选择趋向，指的是与某一词汇语义共现或对这一词汇语义所在其中的多个形式符号的选择。亨斯顿和弗朗西斯（Hunston and Francis 2000：83）在其《型式语法》（*Pattern Grammar*）中提出，型式就是指词与词如何组合并形成有意义的单位。词因处于不同的型式而具有不同的语义，反之，特定的型式倾向于与具有特定意义的义项相关联。显然，他们在此所言的"词与词如何组合"或"特定的型式"，其实质就是指语言形式。"特定的型式倾向于与特定意义的义项相关联"，其本质也就是指特定的词汇语义具有形式选择趋向性现象。譬如，与词语 found 相连的语义有"发现"和"意识到"，这两个不同的语义在句法形式上就会表现出不同的选择趋向。语义"发现"往往选择直接宾语，而语义"意识到"往往选择"that 从句"作宾语，因为前者属于客观事实呈现，表述在某处或某时找到或发现某物或某人；后者则属于心理意识呈现，需要详述复杂的主观想法等。因此，前者选择直接宾语，形式上简单直接，与语义事件相匹配；后者则选择"that 从句"，形式上相对繁复冗长，但也符合语义事件，如（9a）和（9b）。

(9) a. Jane *found* the cat.（发现）

    b. Jane *found* that the cat was missing.（意识到）

又如上文提到的 time，不仅在语义上表现出不同的选择趋向性，在限定词修饰层面也同样表现出形式上的不同选择趋向。如（8a）和（8d）中的 time，乍一看似乎相似，两者都未被冠词修饰，但若再举一些例子，就会发现（8a）中的 time 可以被定冠词修饰，如可以说 During the dinner date, the time seemed to fly（晚宴约会期间，时间飞逝），但是，*The time flows on (for ever) [*这时间一直流淌（永远）] 却不能成立，为什么？

这可以从形式选择趋向角度得以解释。(8a) 中，语义"持续的时间"既可泛指时间的流逝，又可特指某个特定时段内的时间流逝，因此可以与定冠词"the"共现或不共现。而在 (8d) 中，语义"线性矩阵"连接的是一个特定的指称，指称的事件已经包含所有可能性，若要再进一步指称某个特定，那是多余，亦不可能，因此不能与定冠词 the 共现。(8b) 中，语义"时刻"显示出其作为可数名词的态势，显然，可数名词可以与定冠词 the 或不定冠词 a 共现。(8c) 中，语义"事件"则往往与修饰所有格名词的 's 形式共现，如 his father's，或与修饰性代词共现，如 his 等。

众所周知，生物在自然界中会留下各种足迹，而这些足迹一旦被概括抽象出来，就会成为人们判断或辨别某种特定生物的区别性特征，也可称为是此种生物的"识别码"（identifier）。所谓"识别码"，其中的"识别"即指辨别，而其中的"码"即指一种表示数字的符号，如数码、号码等，因此，"识别码"是指某种事物所特有的、有别于其他事物的符号或特征。同理，词汇概念在语言实际使用中所依托的词汇语义和所外化的词汇形式的选择趋向性也会留下足迹，而这些足迹的记忆一旦被概括抽象出来，就会成为人们判断或辨别某个特定词汇概念的区别性特征。因此，词汇概念的选择趋向性特征又被称为是该词汇的"生物识别码"（biometric identifiers）（Evans 2010: 136）。

4.3 本章小结

本章通过审视概念与语义的"纠结"、意义静态观与意义构建观之间的区别及概念和意义的百科知识性等问题，析述了语义、概念、意义的本质特征及相互之间的联系与区别，并以此为基础，揭示了词义的三个层面：词汇语义、词汇概念、词汇意义。词汇概念是词汇语义和词汇意义的认知后台信息，词汇语义来源于词汇概念，并依赖词汇概念来反映客观事物，词汇意义依凭词汇概念在具体语境中在线构建，而词汇意义的构建过程本身就是词汇概念的形成过程，具体可用图 4.1 表示。

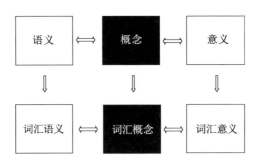

图 4.1 语义、概念、意义和词汇语义、
词汇概念、词汇意义之间的联系与区别

在实际语言理解过程中,一般我们能感知到的是语义、词汇语义、意义和词汇意义,图 4.1 中用普通白框表示;而概念和词汇概念我们一般无法直接感知,因此特用黑框表示,犹如我们大脑思维的"黑匣子"。本书进一步阐述了词汇概念的三个重要特征:两极性、包容性和选择趋向性。词汇概念的两极性连通了语言系统与概念系统之间的路径,包容性是词汇概念两极性的本质体现,而选择趋向性是该词汇概念的"生物识别码",特定词汇概念的包容性决定其选择趋向性,而选择趋向性是包容性在语言层面的显性表现,两者相辅相成,共同融合于词汇概念之中。借助于词义三个不同层面的区分,也同时得到了语境中词汇意义构建的三大主体,即语言层面的词汇语义、概念层面的词汇概念及使用层面的词汇意义。

第 5 章
词义构建过程——三角模型

第 4 章已经阐述词义构建的三大主体——词汇语义、词汇概念、词汇意义,那么在语言理解过程中,我们究竟如何从相对稳定的词汇语义构建出语境中多变的词汇意义?其间具有怎样的认知心理过程?这是本章所要探究的主要问题。在此结合心理学的理论研究成果——语言与情境模拟理论,提出词义构建过程可以分为三个阶段:语言加工阶段、情境模拟加工阶段和语境构建阶段,这三个阶段构成词义构建三角模型。

5.1 词义构建与心理学研究

纵观词汇语义学的理论研究,无论是静态的词汇语义分析,还是动态语境下的词汇意义构建,相关讨论基本停留于语言形式层面,如语义成分分析(Trier 1931;Hjelmslev 1953;Pottier 1965;Wierzbicka 1972)、词际的语义关系(Lyons 1963;Cruse 1986)、句法形式化操作(Jackendoff 1990;Bierwisch 1983a,1983b;Pustejovsky 1995),又或者聚焦于交际者的心智空间,抽象地阐释语言的心智加工过程(Fauconnier 1985,1997;Coulson 2010)。然而,正如吉拉兹(Geeraerts 2010:240)所指出的,认知语义学想要解决词义问题,理应与关涉意义和大脑的心理学研究紧密结合。

在心理学领域,相关的理论研究(如感知符号系统理论,Barsalou 1999a;语言神经理论,Feldman and Narayanan 2004)、行为研究(Bergen et al. 2003;Kaschak et al. 2005)和脑机制研究(如 ERP 研究,Pulvermüller et al. 1999,TMS 研究,Buccino et al. 2005;fMRI 研究,Simons et al. 2007）均已发现，心理模拟与语言理解（包括词义理解）之间存在显然的交互作用。然而，关于心理模拟系统如何与语言学信息交互作用的相关研究，目前尚未在学界引起足够重视。但是，也有少数学者在这方面做了有益尝试，如卑尔根和常（Bergen & Chang 2005）、卑尔根（Bergen 2007），他们以感知符号系统理论为基础，试图建构具身构式语法（Embodied Construction Grammar），把意义、语境和人类认知机制整合到语法中，采用形式化语言表征大脑处理语言时的这种心理模拟过程。尚国文（2011）则提出，感知符号系统（Perceptual Symbol Systems）理论所倡导的语言理解的心理模拟方式，对于语言中词汇意义、抽象概念、隐喻等解释具有重要的启示作用。埃文斯（Evans 2010：187）则认为，语言与情境模拟理论（Barsalou et al. 2008）可以论证词义构建过程中语言与概念系统之间的认知心理现实性问题。以上学者们的研究对本书具有很大启示，但是他们主要侧重于从较为宏观的层面提出上述观点，却尚未深入探究感知符号系统理论或语言与情境模拟理论和实际语言意义研究之间的互动关系。

此外，词汇语义、词汇概念和词汇意义，这三者属于不同的概念，在第4章通过传统的内省思辨法，已经对其做出理论上的厘清。但是，近年来认知语义学理论研究越来越强调"汇流证据"原则，利用实证研究方法为理论语言学建构提供重要客观证据（Dąbrowska 2016；张辉、陈松松 2018；黄洁 2018）。鉴于此，本章以语言与情境模拟理论（Barsalou et al. 2008；Barsalou 2016）为视角，力图对动态语境中的词义构建过程做出阐释，构筑出一个词义构建三角模型，同时论证词汇语义、词汇概念和词汇意义之间的区分具有认知心理现实基础。

5.2 语言与情境模拟理论的发展

传统的符号认知（symbolic cognition）理论认为，感知信息以抽象的概念符号形式存储于大脑，语言理解主要通过符号与符号之间的连接操作而实现（Simon 1979；Fordor 1983；Versa and Simon 1993）。例如，在理解词语"铅笔"时，首先通过词语符号与大脑存储的抽象符号"铅笔"相连接，并通过"铅笔"的概念符号与其他相关概念符号如"钢笔""文具""学生"的连接，产生"铅笔"的意义（Collins and Loftus 1975；Minsky 1980；Schank 1972；Smith et al. 1974）。这种理论主张看似合理，但一直缺乏明确的实验证据（Barsalou 2008），而瑟尔（Searle 1980）最终证明，抽象符号之间的相互连接并不能产生意义的理解，意义的获得必须通过身体经验，这就是后来堪称"横扫我们这个星球"（Adams 2010）的具身认知假设。

前文3.1已经阐述，认知语言学通过经验结构对语法和语义进行解释（如Lakoff and Johnson 1980，1999；Lakoff 1987；Johnson 1987，2007；等等），强调知觉-经验、感知觉-运动经验及主观（内省）经验对于具身认知的重要性，但其解释并未能在认知和神经机制上得到清晰的反应，因此，随着认知科学不断累积的证据支持，具身认知理论从早期的哲学思辨逐渐发展成为认知心理学领域的一种新的研究范式（Barsalou 1999a，2008），也成为当前心理学研究的热点（Kiverstein 2012；Meier et al. 2012；Aschwanden 2013；李其维 2008；叶浩生 2010，2014；陈玉明等 2014）。现代心理学的具身认知理论，通过强调身体及其经验在认知活动中的重要作用，来解决符号的意义获得问题（Glenberg and Kaschak 2002；Barsalou 2008；Fischer and Zwaan 2008；Kiefer and Pulvermüller 2012；李其维 2008；叶浩生 2013；张恩涛 2014）。具身认知理论认为，感知状态的记录形成了表征概念系统的基础，而概念系统的发展就是为了支持感知觉和情境运动（包括社会互动等）以及为高级的认知操作如范畴化、推理和概念化提供必要的平台。概念表征保留了意义获得过程中的个体与世界相互作用时产生的感知觉痕迹，而感知觉必须是可逆的。因此，感知觉状态在各种概念系统支持的功能下被激活，而语言理解即是感知觉经验重新激活的过程。譬如，当我们听到或看到一个具体词汇"樱桃"时，我们日常感知"樱桃"时记忆留下的颜色、味道、触觉等知觉经验会得到不同程度的激活。同样，当我们加工一个抽象词汇"羡慕"时，我们日常经验中习得的情绪体验（如喜欢、希望自己也有）、情境、空间图式等信息也会得到一定程度的激活，而这些激活就是所谓的模拟（Barsalou 1999a，2003；Kaschak and Glenberg 2000；Glenberg and Kaschak 2002；Gallese and Lakoff 2005；Prinz 2002；Zwaan 1999，2003）。具身认知理论在一定程度上解决了语言理解中的两个难题：符号基础问题（symbol grounding problem）和概念表征的灵活性问题（flexibility of concept representations）。所谓符号基础问题，是指语言符号须通过身体经验而非与其他符号相联系才能获得意义；所谓概念表征的灵活性问题，是指意义本身就是动态构建的，而非固定不变的，这种构建依赖于当前的情境和过去的经验（Pecher et al. 2011）。以具身认知为理论基础，在认知心理学界，巴萨卢（Barsalou 1999a，2003）提出了感知符号系统理论，并后续发展出了语言与情境模拟理论（Barsalou et al. 2008）。

5.2.1 感知符号系统理论

在具身认知理论中，感知符号系统理论是其中最具有影响力的理论代表（Evans 2010；尚国文 2011）。认知心理学家巴萨卢及其合作者深刻反思了非模态认知表征的不足之处，并结合许多神经科学的实证研究成果，提出感知符号系统理论（Barsalou 1993，1999a，1999b；Barsalou and Prinz 1997）。该理论认为，感知者在感知事物过程中由于注意选择机制，某些神经状态被抽取并储存于长时记忆，发挥类似符号的功能，这就是感知符号。人们对于言语理解中信息的表征实质上是一种感知符号表征。感知符号是对感知经验的图式性表征，具有多模态性和生成能力。同时，感知符号在长时记忆中并不孤立存在，而是大量相关联的感知符号整合成一个框架系统，这个框架系统就是模拟器（simulator）①，具有感知情境模拟的功能，使得认知系统可以在客体或事件不在场时构建类似于心理意象的模拟。换言之，认知加工运用储存在记忆中的心理表征（概念）来操作，而不必每次接触和加工某个特定现象时都进行实际的感知体验过程。因此，感知符号系统理论认为，感知和认知本质上是相似的，更是相通的，两者的不同在于感知是主体在线的思维操作，而认知是主体离线的思维操作。语言理解中的认知加工过程，其本质特征在于其感知性，二者具有共同的表征机制，其不同在于，认知加工进行的是离线操作，而感知加工则是在线操作。如以"手机"为例，主体感知实物"手机"的过程中，都会有意无意地择取某些感知信息，如手机的大小、形状、手感，手机可以打电话、发微信、聊QQ、进行移动支付等，这些信息均会以感知符号的形式在人的长时记忆中留下痕迹，并且整合成"手机"感知模拟器，成为认知概念系统的一部分，而以后看到或听到"手机"这个词语时，认知系统便可以构建类似于心理意象的模拟。十几年来，感知符号系统理论得到大量实验证据的支持，国内心理学界对此也做过相应介绍（谢久书等 2011；殷融、叶浩生 2013）。

然而，随着研究的深入，认知心理学家发现有些概念加工过程并不完全依赖具身效应，而是也可以由词序、词频、语法形式、词语搭配等语言

---

① 模拟器在功能上相当于一个概念系统，生成的模拟相当于概念化或概念理解。

因素进行解释（Louwerse 2007；Louwerse and Jeuniaux 2010；Louwerse and Connell 2011）。为此，巴萨卢等（Barsalou et al. 2008）又对感知符号系统理论进行了修改扩充，提出人类知识的表征方式不是唯一的，而是多系统的，其中主要是基于语言系统的语言加工和基于模态系统的情境模拟加工，这就是语言与情境模拟理论。

5.2.2 语言与情境模拟理论

语言与情境模拟理论是在感知符号系统理论的基础上进行适当修正而来的。这个理论的基本假设是，知识有两种不同类型，尤其表现于两种不同的表征形式——基于语言系统的语言形式表征和基于模态系统的情境模拟表征（Barsalou et al. 2008）。组成两种不同系统的表征形式也都处于完全不同的层面，因此，这两个系统构成了有利于人类机能的不同形式的知识。语言与概念具有相互独立性，语言系统与概念系统是两个独立的加工系统，帕维奥（Paivio）早在1986年的双重编码理论中（Dual Code Theory）中就提出，语言系统可以独立于概念系统完成较为简单的概念加工任务，人类认知系统中分别存在基于语言与基于形象两个不同的加工系统。而其中基于语言，格拉瑟（Glaser 1992）进一步提出词汇假设（lexical hypothesis）。该假设认为，概念信息并不是单一的非模态符号，概念系统可能具有知觉特性，对词汇的知觉会激活语言系统，语言系统通过词汇引发概念系统，进而对概念的意义进行加工，而形象系统中的形象刺激则可以直接激活概念系统（转引自殷融、叶浩生 2013）。例如，在判断"微波炉"是否属于"家具"这一范畴时，相较于"微波炉"词汇，被试在看到"微波炉"图片时通常反应更明显，判断速度更快。同时，这个假设还提出，语言系统可以独立于概念系统完成较为简单的概念加工任务。以上这些观点与巴萨卢等（Barsalou et al. 2008）后期提出的语言与情境模拟理论的基本假设具有一致性。

根据语言与情境模拟理论，人类的认知系统为了应对不同的概念加工需要，发展出灵活的双加工机制，即大脑模态系统中的情境模拟加工机制和大脑语言系统中的语言形式加工机制（Barsalou et al. 2008：245）。该理论中，所谓语言加工机制，是指语言形式本身可以表征知识。在日常生活中，人们使用语言进行信息的交流与传递，概念往往以语言词汇的形式表示，而概念间意义的关联会导致对应的词汇在日常对话、书面文档等语言材料中同现的频率也较高，这些词汇关联（word association）信息会被主体的记忆系统所记录。在概念加工过程中,当一个词汇被识别后,主体可以通过词汇间的关联生成其他词汇,以作为知识表征对概念进行加工。如当主体识别到"红旗"这一词汇后,可以激活具有关联的其他词汇"红色""五星红旗""祖国""母亲"等词汇,进行表层的语言概念加工。而所谓情境模拟加工机制,是指当主体经验受到特定刺激时,会产生相应的知觉、运动与情感状态的变化,主体大脑的神经系统可以记录这些状态的变化,而在概念加工时,通过大脑的通道特异系统(modality-specific systems),主体会模拟一个或多个关于此概念的示例,模拟激活的多通道信息组成对相关概念的知识表征。而所谓模拟,就是指大脑模仿体验了主体与客体互动时的知觉、运动及内省经历。例如,在感知动物"狗"的时候,大脑会记录来自视觉、听觉、触觉以及其他体觉系统(somatosensory systems)的感知状态,如狗的外形、狗叫的声音及摸狗的感受等;而在与狗接触交流时,大脑也同样会记录与活动相关的主体身体的运动和本体感觉系统状态,甚至大脑可以记录喜爱、讨厌或害怕等思维操作层面的高级状态。以后在表征关于"狗"的知识时,大脑就会重新激活这些多模态的表征状态,模仿体验当初主体与客体互动时感知、运动、思维及内省经历。语言与情境模拟理论中,另一个重要方面就是情境化(situated),即知识表征是基于具体情境的表征,并非抽象或凭空存在。关于某事物或事件的知识表征,我们并不是在真空中模拟知识,而是在可能相关的场景、活动、事件及自我体验和内省等复杂的具体背景情境中进行模拟。例如,关于"椅子"的知识表征,可能会在客厅的场景中模拟,某人坐在椅子上,感觉椅子或硬实,或柔软,内心体验可能冷冰冰或者感觉温暖舒适等,场景信息的存在为主体模拟预备情境活动。总体而言,情境模拟加工机制是概念加工的基本形式,而语言加工机制则使概念加工机制过程更具效率(殷融、叶浩生 2013),这两种加工机制并非相互独立,而是具有复杂的联系与交互作用。

5.3 词义构建

前文第 4 章已经厘清,词义包含三个层面:语言层面的词义表现为稳定的词汇语义,概念层面的词义表现为图式性的词汇概念,使用层面的词义则表现为多变的词汇意义。词汇语义是语言范畴中的一个实体,是词语结构的基本要素之一。词汇概念属于概念范畴,是词语在意义构建中留下的意义足迹的记忆，是经过多次使用事件而抽象出来的心理图式知识。词汇意义是使用范畴中的一个事件，是语言使用者的一种心理构建过程。而正因为词汇意义是一种心理构建过程，其本质也是在概念系统层面的一种认知加工过程。简言之，词义问题涉及语言和概念两个不同系统以及这两个不同系统之间的互动关系。而根据语言与情境模拟理论，概念系统的情境模拟机制在早期人类尚未形成语言时就已存在，而语言系统在人类进化的后期才出现，进化的程序决定了两种机制必定在不同的层面上进行加工（Barsalou et al. 2008：245）。因此，本书认为，语境中词义构建的认知心理现实基础，本质上是语言层面的词汇语义加工机制和由词汇概念提供路径通往概念层面的情境模拟加工机制相继交互作用，最后达成词汇意义构建事件的过程。

5.3.1 语言层面的词汇语义加工

语言与情境模拟理论认为，概念加工过程中，语言加工机制与情境模拟加工机制虽然都会自动激活，但是在大多数加工任务中，语言加工机制会最早启动，其激活水平最先达到高峰。而语言层面的加工形式主要通过词汇关联信息，激活相互关联的词语，以作为知识表征进行加工（Barsalou et al. 2008：246）。本书基本同意这一观点[①]，正如上文所言，因为人们总是根据知觉到的事件或情境产生语言，语言中具有较高关联度的词语，其指称物在现实生活中也经常同时出现于某一事件或情境中，因此，词汇间的关联信息与现实生活中的事件或情境具有相互对应性。如当主体识别 classroom（教室）这一单词时，就会激活与其相关联的单词 teacher（教师）、student（学生）、blackboard（黑板）、desk（书桌）等，而这些人或物本身就是一般教室的普遍场景。

但是，词汇关联信息在语言层面上究竟涉及哪些方面？巴萨卢等（Barsalou et al. 2008）并未做出具体诠释。本书认为，词汇关联在词义层面上主要包括三种形式，即语义确认、语义关联和语义组合。所谓语义确认，是指通过词典释义或者其他途径获取特定词语语义信息的过程。换言之，在词义构建过程中，解读者首先会对目标词语的相对固定的词汇语义进行识别，如若遇到困难，通常会借助词典或别的参考资料进行基本词汇语义

---

① 诚然，语言加工可能涉及词形、发音、词法、句法结构等诸多方面，但是本书聚焦于词义问题，词汇关联确实是其中的主要形式。

的确认，而这些语义往往是在语言社团中被普遍接受的、相对稳定的语言知识。所谓语义关联，是指将语境中相互靠近的且处于同一语言层级上的两个或多个词语语义进行相互贯联，得到词组语义，甚而得到整个句子或语篇的完整语义。而在语义关联中，有时会出现两个或多个词语的语义凝结，浮现出创新语义块或整体语义，这就是所谓的语义组合。

（1）In one driveway a **chauffeur** wearing rubber boots was hosing down a **limousine**.

（2）An interview question on whether a job candidate would **cook the books** to make something "work" for the company's bank is hard to answer.

若要理解（1）句中的 chauffeur 和 limousine 的语义，对于一般的英语学习者来说，首先要通过查阅词典以确认其基本语义分别为"受人雇佣的司机"和"豪华轿车"，然后通过与其相邻词语的语义关联而得到"这个司机正在冲洗这辆豪华轿车"的整句语义。但是，若将（2）句中 cook the books 也仅进行语义关联，那么就会得到"烧或煮书"的语义，显然这三个单词的整体语义并不是其部分语义相加，而应通过语义组合得到一个创新语义，即"做假账"。可见，经语义组合而浮现出的新整体语义往往不同于多个词语语义关联后的词组语义。总之，在语言加工层面，通过对目标词语的语义确认、词语间的语义关联或语义组合，使语言加工机制达到峰值，而语言层面的语义加工将有效激活相应概念层面的情境模拟加工。

5.3.2　概念层面的情境模拟加工[①]

语言与情境模拟理论认为，主体对概念的深度加工，其本质就是对概念的体验模拟，概念知识的提取不仅仅是一种认知过程，同时也是一种生物过程，是一种"所见即所感"式的经验再现（殷融、叶浩生 2013：309）。词义在概念层面上的理解加工，其本质也是一种心理模拟过程，是自上而下地激活与特定词汇相关的概念结构以重演主体与客体互动时的知觉、运动及内省状态。通过激活模拟，词汇概念在真实世界的词汇意义随之构建，而模拟过程的情境性、主体性、当下性，决定了词汇意义具有流动不居的易变本质。

模拟的情境性，即情境模拟，是指日常生活中，主体对于客体或事件

---

① 关于心理模拟，心理学研究更多关注词语刺激与脑区激活之间的对应及身体各神经器官的活动状态，本书则更侧重模拟结果对词义构建的影响。

的经验不是抽象的、与具体情境割裂的，而总是在特定的情境背景中获得。因此，在概念加工时，主体也并非在空白的背景中对某概念的示例进行模拟，而总是以一种情境化的方式来表征概念知识，加工过程往往包含意向、客体、行为、事件和心理状态等大量具体背景的情境信息（Barsalou 2009, 2016）。如主体对"山"的概念进行加工时，主体的概念系统并非模拟普遍意义上抽象的"山"，而总是模拟曾经看到过或旅游过的"阿尔卑斯山"、"珠穆朗玛峰"、某座或几座不知名的具体的"山"，其中也包括主体与这些山相关的活动、经历和心绪体验等各种背景信息。模拟的情境化涉及具体词义的理解过程，是指主体对目标词语相关联的概念结构进行心理模拟时，总是以该词语所处话语语境所激活的特定场景信息为背景，通过词汇概念信息和情境信息相匹配，获得适切的词汇意义解读或构建。

(3) a. 前面慢慢<u>走</u>过来一个老太太。
　　b. 小宝一蹦一跳地<u>走</u>向他妈妈。
　　c. 上坡时，马<u>走</u>不动了。

例（3）中的"走"是一个基本动作行为词，其相对稳定的语义是"人或兽的脚交互向前移动"。当主体对"走"进行深度概念加工时，不仅激活了与"走"相关的概念结构信息，即主体感知信息中具有的"走"的各种不同方式，以及相关情绪体验等，同时也激活了"走"所在的不同句子语境触发的背景信息，即通达了不同的语境场景，经过模拟整合，将词汇概念信息与其所浸入的句子情境信息进行合流，"走"的词汇意义随之构建，(3a) 是"（步履蹒跚的老人）慢慢地挪步"，(3b) 是"（活泼可爱的孩子）开心愉悦地蹦跳"，(3c) 是"（疲惫不堪的马在上坡过程中）四只脚艰难地移动"。

反之，实际语言理解中，若解读者缺乏相关语境的情境信息的经验痕迹，那就难以开展情境模拟，词汇意义的构建过程也就因此而无法顺利通达，最终导致不能理解词语的真正意义，如下文例（4）中关于汉语"意思"的段子，老外往往无法理解，就是这个道理。

(4) 女孩："你这是什么<u>意思</u>?" 　阿呆："没什么<u>意思</u>，<u>意思意思</u>。"
　　女孩："你这就不够<u>意思</u>了。" 　阿呆："小<u>意思</u>，小<u>意思</u>。"
　　女孩："你这人真有<u>意思</u>。" 　阿呆："其实也没有别的<u>意思</u>。"
　　女孩："那我就不好<u>意思</u>了。" 　阿呆："是我不好<u>意思</u>。"
　　女孩："你肯定有什么<u>意思</u>。" 　阿呆："真的没有什么<u>意思</u>。"

> 女孩:"既然没有什么**意思**,那你是什么**意思**?"
>
> 阿呆:"其实,我的**意思**就是想**意思意思**。"
>
> 女孩:"你既然是想**意思意思**,那就是有什么**意思**。"
>
> 阿呆哭了:"我就是想**意思意思**。但是,真的没有什么别的**意思**。这么个小红包能有什么**意思**?也就是**意思意思**而已。"
>
> 女孩笑了:"呵呵。我对你有点**意思**了。"阿呆心想:"嘻嘻,我就是这个**意思**。"

这段对话所阐述的是关于"员工阿呆给心仪的女孩送礼物"的情境,其中的词语"意思"在不同节点具有不同涵义的变化,对于一般中国人而言,很容易理解其中的幽默与风趣,那是因为我们能够想象出其中的场境背景,即能够进行情境模拟,能顺利通达不同"意思"的意义构建过程。但是,对于没有中国文化背景的外国人,不知道或不了解这样的"送礼"场境,即概念加工过程中,若无法顺利完成相应情境的心理模拟过程,那就难以对话语中多个"意思"不同的词汇意义进行构建,自然无法真正理解这段话的奥妙之处,反而因多个"意思"而处于一团雾水中。总之,如果没有情境模拟,单纯在语言形式层面加工,真正的理解是不存在的(Searle 1980;Barsalou 2008)。

模拟的主体性,即个体差异性。正如一千个读者的眼中有一千个哈姆雷特,一次模拟的具体内容,不仅受制于语境所激活的情境信息,也取决于个体的生活经验和感知表征状态。正如上文提到的"山"的概念加工,不同的主体曾经看到过或旅游过的山的形状、高低、景色、气候等千差万别,其关于"山"的体验和感知表征状态也迥然不同,因此,不同主体对"山"的概念加工过程其实质是模拟了不同概念结构背景信息下的各种不同的"山",这就是模拟过程的主体性。模拟的主体性涉及具体词义的构建过程,是指不同个体对于特定词语所提供途径通往的词汇概念结构信息不同,具有个体差异性。库尔森(Coulson 2010:38)曾提到,英语单词 thoughtful 的意义会随与之搭配的名词的变化而改变,如 a thoughtful mother 和 a thoughtful wife 中的 thoughtful 意义不同,体贴的母亲是对"孩子"而言的,体贴的妻子是对"丈夫"而言的,两者在现实世界的角色行为都相差甚远。本书认为,即使对于同一个 a thoughtful mother 中的 thoughtful,不同主体对其所通往的概念结构进行探幽的情境也不尽相同,可能是"年轻的母亲陪伴孩子玩乐、给孩子讲故事,细心照料孩子的日常起居"的情境;可能是

"中年的母亲在工作之余耐心辅导孩子的学习功课,为读中学的孩子精心准备一日三餐"的情境;也可能是"孩子已经成家立业,而年迈的老母亲依然细心为孩子打理各种家务"的情境;更甚至可能是"孩子并不在母亲身边,但母亲依然通过邮件给予孩子人生的教育和指导"的情境。经过对不同情境信息的模拟加工过程,不同主体对于 thoughtful 的词汇意义的构建事件显然打上了个体的主观烙印。换言之,在每一个主体心中关于 thoughtful 的概念结构的背景信息不同,经过模拟后构建的词汇意义自然也就具有个体差异性。

模拟的当下性,是指概念加工过程会根据当下主体所面临的环境、任务、要求及自身情绪状态等,激活模拟器的不同子集,从而构建出特定的模拟。因此,每一次模拟都是在线的、特有的、独一无二的。模拟加工的当下性决定了在一次具体的情境模拟中某一种通道信息可能会占首要地位,而其他的通道信息则处于次要地位(Barsalou 2008)。例如,一位钢琴演奏家在想到即将演出前,对"钢琴"这一概念的模拟可能包括钢琴发出的声音,演奏时的手部动作等;相反,钢琴演奏家在想到搬运钢琴时,所模拟的内容可能包括钢琴的形状、尺寸、重量,以及搬运钢琴时所需要注意的地方等(殷融、叶浩生 2013)。因此,即便同一认知主体处于不同当下的环境、情绪状态中认知理解某个特定词语,经模拟而构建的词汇意义也会不同。

(5) Next Wednesday's meeting has been moved ***forward*** two days. (Boroditsky and Ramscar 2002)

例(5)中对于 forward 的不同理解使整个句子产生歧义,若将 forward 理解成在抽象的时间轴上"向前"移动,那么下星期三的会议将移至下星期五;若将 forward 理解成在接近说话人当时所处时刻的层面上"向前"移动,那么下星期三的会议将移至下星期一。波洛狄特斯基和拉姆斯卡(Boroditsky and Ramscar 2002)把这个句子呈现给正在排队等待喝咖啡的学生,问他们:"会议什么时候举行?"研究结果显示,排在前面的学生大多数认为会议是提前到了下星期一,而排在后面的学生普遍认为会议移到了下星期五。马特洛克、拉姆斯卡和波洛狄特斯基(Matlock, Ramscar and Boroditsky 2005)则让被试在回答这个测试问题之前,先分别读以下 a、b 两个句子。

(6) a. The road is next to the coast.
    b. The road runs along the coast.

结果发现，只读过（6a）句的受试者倾向于回答"下星期一"，而读过（6b）句的受试者则更容易回答"下星期五"。本书暂且不讨论其中关于时间和空间移动之间的民族思维问题，但这两个实验至少可以清楚地论证，当主体在进行情境模拟时具有显然的当下性特征，即主体当前所处的环境及认知状态直接影响模拟过程。而正是这种模拟的当下性，使得词汇意义的构建也具有即时在线的特征。

在此有三点需要特别提及。一是本书在此提出，词汇意义构建过程其本质是一种基于特定情境的心理模拟过程的观点，其实这一点泰勒（Taylor 2006）曾经从心理语料库观念的角度大致提出过。他认为，open 与不同对象的搭配实例（如上文提到的 open the window、open the book、open the wound 等）都是人类大脑中的心理印记，不同实例都与不同的身体动作方式与体验相连。open the window 所表征的动作很容易描写，甚至可直接表现为具体动作。因此，阅读者对于 open the window 的解读过程是一个整体理解的自然获得过程，不需要深究这三个词语各自有几个义项，并从中选择适当的义项。诚然，在此泰勒（Taylor 2006）对于词语义项（即词汇语义）参与理解过程的否定是不足取的，因为如果对于一个完全不懂英语的阅读者来说，即使 open、the 和 window 这三个单词多么简单易懂，他们无论如何也无法构拟出"开窗"的动作。但是，另一方面，可见泰勒（Taylor 2006）已经隐含地提出，对于 open the window 的解读和意义构建过程其实质就是对曾经体验过的具体动作的心理模拟过程，但是他并未如本书从心理学研究进行进一步的论证。二是上文尽管分点论述了基于词汇概念层面的情境模拟加工过程的情境性、主体性和当下性，但实质任何一次具体的模拟活动都同时具有以上这些特征或更多其他特征，而经模拟后构建的词汇意义也整体上具有与语境共生、个体差异和即时在线的特征。三是在强调情境模拟的主体性和当下性的同时，本书坚持认为，因为我们毕竟生存在同一个客观世界，而对客观世界的模拟总是以人与人之间的共通性和主体间性为前提，否则，人类无法沟通，词汇意义的构建也就没有任何价值。

5.3.3　词义构建三角模型

上文已经提到，语言与情境模拟理论认为，一般情况下语言加工机制会首先启动，其激活水平最先达到峰值；同时，语言加工对激活概念层面的情境模拟起着重要的提示和导引作用。当语言系统识别特定的词汇后会激活概念模拟,情境模拟加工机制后续启动,其激活水平达到高峰的时间较晚(图5.1)。语言加工是对概念的浅层加工,情境模拟加工是对概念的深度加工,是概念加工过程的基本形式。

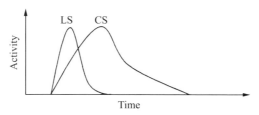

(LS=Linguistic System;CS=Conceptual System)

图5.1　语言系统与概念系统先后加工的时间轴

(Barsalou et al. 2008:248)

随着加工过程的持续发展,两个系统各自分别经历相对活跃与不活跃间的转换,活跃的语言形式可以激活情境模拟,而情境模拟也可以进一步激活相应的语言形式,两者融合并交互作用,随语流的行进以各种不同模式反复轮回,直至最后概念加工任务完成(图5.2)。

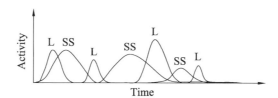

(L=Language;SS=Situated Simulation)

图5.2　语言与情境模拟融合交互加工的时间轴

(Barsalou et al. 2008:272)

若涉及具体词汇意义的构建过程,主体就会聚焦于某个或几个目标词语,首先在语言层面进行语义确认、语义关联或语义组合等语义加工,继而获得词语所在语境的整体语义,而目标词语语义或整体语义知识成为情境模拟加工的重要背景信息资源,并对主体进一步展开概念层面的深入加工起着重要的限制和指示作用。在概念层面,主体通过对词语的概念结构和词语所在语境所激活的情境路径的探幽过程,将概念结构信息与语境情境信息合流匹配,此时的词汇意义构建的通路在理论上应已达成。然而,在实际语流中,随着话语或语篇的进行,语义加工和心理模拟会反复多次地相继发展,两者不断融合和交互作用,最终获得与语境匹配的动态性解读，即词汇意义完成构建过程。在此需要特别强调的是，词义构建过程是一种深度的概念加工过程，其间还会涉及思维深层的较为复杂的认知过程，如概念组合、逻辑推理、抽象概括等。

此外，仍需再次强调，虽然上文中根据将语言层面和概念层面的加工形式进行分离，并分别进行讨论，但在实际生活中，语言语境与概念信息往往是相互融合交互，诸如隐含在情境模拟中的信息，表面看是语言语境的显在效果，然而实质可能正是相关的概念信息。实际语言理解过程中，当语言系统开始对当前的词语词义进行确认的同时，也许立即开始激活了相关的心理模拟，也可能同时激活与词语相关的其他语言形式，并且同时激活与那个语言形式相关的模拟。所以，语言与情境模拟其实是呈发散式和交互式循环推进的，并不是单一的单调前进。而且，在激发情境模拟的同时，可能也激活了在感知、动机和内省等相关的其他信息，这些模拟经常是自动快速地被激活，大部分时候，这种模拟都极其快速，可能不占有主要的、有意识的认知，也就是我们根本无法感知得到。因此，总体说来，其实是语言和情境模拟的融合交互作用促成词汇意义的构建。

基于以上对词汇意义构建过程中的语义加工、情境模拟加工及语言与情境模拟融合交互作用过程的深入擘析，在此提出语言使用中词义构建三角模型①（图 5.3）。

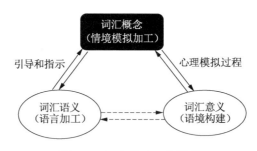

图 5.3　词义构建三角模型

正如图 5.3 所示，语境中词义构建的过程需要经历三个阶段：语言加工阶段、情境模拟加工阶段和语境构建阶段，每个阶段分别依存于词汇语

---

① 本书提出的词义构建三角模型与奥格登和理查德（Ogden and Richards 1923/2001）提出的语义三角理论，虽形式上均为三角模型，但研究侧重点不尽相同，词义构建三角模型侧重语言语义与语境使用之间的语言与思维加工的认知路径过程，而语义三角理论侧重语言符号与世界知识之间的指称关系。

义、词汇概念和词汇意义三个载体，这三个载体分别处于三角形的三个角。在实际语言理解中，词汇语义和词汇意义是我们直觉能够感知到的两个显性层面，语言层面的词汇语义处于左底角，使用层面的词汇意义处于右底角，虽然一般的直觉经验认为，我们可以根据相对稳定的词汇语义构建出适切于语境的多变的词汇意义，但两者之间实则并非具有直接的相互连接性，三角形中用虚线表示两者之间的间接性。图中处于顶角的词汇概念，是词汇语义和词汇意义的后台认知基础，更是词义构建过程中的必要桥梁。在语言层面的词汇语义加工是浅层加工，但可以引导和指示词汇概念层面的深层加工，即情境模拟加工，而经过多次语义与心理模拟的融合交互过程，最后完成基于语境的词汇意义的构建。反之，基于语言使用的假设，词汇意义的构建本身就是形成词汇概念的过程，词汇概念是词语在意义构建中留下的意义足迹的记忆，是经过多次使用事件而抽象出来的心理图式知识。而词汇语义是词汇概念在语言词汇中的编码，词汇概念是词汇语义的来源和基础。总言之，三角形中的词汇语义、词汇概念和词汇意义之间的联系都是双向箭头关系，即都是连接和互动关系。

在实际的语言阅读理解过程中，语言层面的词汇语义加工和概念层面的词汇概念加工之间的连接与互动关系往往表现为：浅层的阅读者往往仅停留在语言表层，他们并不能做出更多语言形式以外的精确推理；相反，深度阅读者往往能够做出大量的各种推理。换言之，当少量的推理出现的时候，人们主要在语言系统上加工语言形式，如果他们开始构建模拟，也可能是主要模拟单个词汇的意义，而若再深入便会产生更丰富的推理，那么就会将这些相对零碎的词汇意义整合起来，即通过整合模拟（integrated simulation）而构成整体模拟（global simulation）。在整合加工过程中，深度理解者甚至可能还会在整体模拟中加入额外的信息使得推理更具有连贯性和统一性。而就主体个人对于词汇加工的形式而言，理解能力较弱的学生可能把更多的时间和精力投入在语言形式加工上，那么他们就会有更少的精力去模拟和整合词汇意义。而理解能力较强的学生对语言形式加工能力强，那么他们就会花费更多的时间和精力在模拟和整合意义上，如此就能表现出更高层次的理解力。

此外，还有一点需要特别强调，泰勒（Taylor 2017）在其"Lexical Semantics"（《词汇语义学》）一文的结语中提出，因实际语言交流的需要，词语为概念知识网络提供入口或通道，特定的概念知识网络就会有选择地被激活,通过与真实世界的实践和事件知识的互动,我们才能获得对于复杂多词表达式的理解。而对于词汇确实拥有相对固定的语义内容的信念,其实是基于如下事实:某些激活路径因反复通达而被深深固化,因此,这些内容即使在零语境或语境缺乏时依然可以获得。可见,从词汇语义、词汇概念和词汇意义之间的互相通达路径角度,泰勒(Taylor 2017)的观点与本书的观点基本一致,在词义构建的过程中,词汇语义为词汇概念提供导引和路径,而词汇意义的获得是基于人自身与世界互动的真实体验,而词汇语义又是因为词汇意义和词汇概念在多次使用事件中留下的印记,最终在语言中的固化过程。但是,泰勒(Taylor 2012,2017)最终将词义归结为使用印记,张韧(2018)将词义归结为图式浮现,所谓的使用印记即类似本书所谓的词汇意义和词汇概念,而图式浮现则类似本书所谓的词汇概念。诚然,他们都是从传统认知语义学的角度默认为词汇语义就是词汇概念,而本书与他们的不同之处在于,本书将词汇语义、词汇概念和词汇意义分别置于相互关联但却各自独立的相对地位。

5.4 本章小结

通过上文分析,本章提出语境中词汇意义的构建过程主要经历三个阶段:首先,在语言层面,通过词汇的语义确认、语义关联和语义组合机制进行语言理解的浅层加工;同时,词汇语义对概念层面的深层加工又起着引导性的指示作用。其次,在概念层面,主体通过对相关词汇的概念结构及词语所处语境所激活的情境的心理模拟过程,将概念结构信息与语境情境信息合流。最后,多次语义加工和情境模拟的反复轮回和交互作用,完成词汇意义的构建过程,获得与语境匹配的词汇意义解读。反之,特定语境中词汇意义的构建过程也是词汇概念的形成过程,而词汇概念固化入语言便形成相对稳定的词汇语义。因此,词汇语义的语言加工、词汇概念的情境模拟加工以及词汇意义的语境构建三者交互作用是词义构建的认知心理现实。同时,本书也进一步论证了第 4 章提出的关于词义三个层面,即词汇语义、词汇概念和词汇意义的区分具有认知心理现实基础。

第6章
名词词义构建特征——自转型

第4章探讨了词义构建的三大主体，即词汇语义、词汇概念和词汇意义。第5章探讨了词义构建的过程，即在词汇语义指引下的基于特定情境的心理模拟过程。总体说来，以上两章均从语境中的词语作为相对独立个体的视角，探讨词义构建问题。本章和第7章则将从词语之间互为语境的视角，进一步探讨不同词类词义构建的规律性特征。本章主要聚焦于名词词义构建的规律性特征，即自转型；第7章主要聚焦于动词和形容词词义构建的规律性特征，即公转型。这里需要特别强调的是，特定语境中的词义构建过程，无论名词的自转型或动词、形容词的公转型，各种语言成分之间首先是互动关系，而促使这种互动的机制是词义共振原理。

6.1 词义共振原理

本书在绪论中提到，有较多语义学家诸如汉克斯（Hanks 1994）、奈达（Nida 1997）、埃文斯（Evans 2016）认为，单独的词语并不具有意义。弗雷格的激进语境原则也强调，词语的意义只有当其处在句子中时才会表现出来。关于句子中词语语义组合的探讨中，大家最为熟知的无疑是"弗雷格原则"（Frege's Principle）。该原则认为，语义组合与生成所遵循的最基本的规律是"一个语言表达式的意义是其组成成分的意义及它们句法组合方式的功能函项"（转引自李强 2017）。例如，生成词库理论中，普斯特耶夫斯基（Pustejovsky 1995）和普斯特耶夫斯基等（Pustejovsky et al. 2013）提出，纯粹选择、类型调节和强迫引入是语义组合的机制和手段，可以用来解释词语为何能组合在一起,以及组合之后意义如何生成等问题。本书并不完全赞同以上如此激进的意义语境论,也不认为生成词库理论中的这种意义生成机制具有认知心理现实性。因此,在批判和吸收前人研究成果的基础上,本书第5章以语言与情境模拟理论为视角,提出语境中词汇意义的构建其实质是在三个不同层面进行了不同性质的融合交互加工后,达到适合恰切语境的深层词汇意义的构建目的。纵观词汇意义问题的探究,无论是形式化的组合机制,抑或基于心理模拟的认知机制,无一不证实着语境中词汇意义的构建均不可避免要与相邻的语言成分或语言成分背后的情境(或称语义背景)紧密相关。因此,本书认为,处于同一语境中的名词、动词和形容词等各语言成分之间首先是相互选择、相互作用的互为语境关系,而它们之间相互组合后的语义调整或新意义的构建,主要是基于词义共振这一意义运作机制和总原则。

受"语音和谐律"观点的影响和启迪,陆俭明(2010:185-201)提出,任何语言的任何句子都要求诸方面的语义处于一个和谐状态,语义和谐律具有普遍性,在任何语言中都存在,而且可能是人类语言中最高的语义原则。词语之间的语义具有相互制约关系,从本质上说就是句子中的各个词语之间在语义关系上要和谐。例如,汉语中,带实指趋向补语的述补结构兼表致使和运动趋向的意义,其中,述语动词所表示的动作行为与趋向补语所表示的运动趋向二者之间,在语义上必须形成和谐关系,否则就不能成立。譬如,一般说"拔出来、拔出去",却不说"拔进来、拔进去";一般说"插进来、插进去",却不说"插出来、插出去",这是因为"拔"的语义是"把固定或隐藏在其他物体里的东西往外拉;抽出","插"的语义是"长形或片状的东西放进、挤入、刺进或穿入别的东西里;中间加进去"。这决定了"拔"所带的实指趋向补语一般是"出来、出去",不能是"进来、进去","插"所带的实指趋向补语只能是"进来、进去",不能是"出来、出去"。如此,动词与趋向补语之间的语义关系才能和谐(陆俭明2010:189-190)。

本书完全同意陆先生的语义和谐观,不论语言语义或语境中多变的意义都必然最终要以和谐为最高宗旨,否则很难与客观世界协调存在。但是,"和谐说"更侧重状态或结果,具有静态性,而本书对词义构建的探讨更侧重构建的过程,具有动态性,因此,本书采用"共振"(resonance)的说法。共振是一个物理学概念,是指两个物体振动频率相同时,其中一个物体的振动会引起另一个物体随之振动。这种振动现象,在力学上称为共鸣,即两个物体振动频率相同而共同发声。譬如,我们说话时发出的每一个音节,是因为喉咙声带的颤动与空气之间产生了共振现象。我们大脑进行思维活动时产生的脑电波也会发生共振现象。王文斌(2010)在谈到矛盾修辞法的张力问题时提出,解读者的思维在溢满张力的两极间共振,在二元概念的矛盾性撞击下产生交织,从而参悟事物对立统一的真谛。换言之,矛盾修辞法中两个彼此冲突的元素共处一体,正是解读者通过两极语义间的思维共振,最终达到彼此相互贯通而和谐。如 silent scream(无声的呐喊)这一矛盾修辞法中,silent 和 scream 两者相互对立、互为两极,可在这两者却共处于同一整体,解读者通过两极语义间的思维振动,在共振中寻求动态的平衡,最终彼此贯通,并可能走向对立面,既可能是"无声的呐喊",即在无声的现实中听到内心的呐喊,又可能是"呐喊的无声",即在呐喊中感觉到声音的无力。

此外,陆俭明(2010:189-190)提出的"语义和谐说"中的"语义",主要侧重于语言层面的词汇语义。王文斌(2010)则明确提出"共振"是指矛盾修辞法解读时的一种思维共振。而本书将词义分为三个层面,包括语言层面的词汇语义、概念层面的词汇概念及心理使用层面的词汇意义,因此,本书中所谓的"词义共振"显然同时蕴含了语言层面的语义共振,词汇概念和词汇意义层面的思维共振两个方面。同样的,语言层面的语义共振主要包括词语语义的关联和组合问题,而概念和意义层面的思维共振主要包括基于心理情境模拟的思维协商过程。在语言理解过程中,词义共振现象是各语言中普遍存在的一种规律,更是词语与词语之间互为语境,能够构建出符合客观实际的句子(段落、篇章)的意义运作机制和总原则。

例如,下面这个句子可以有两种不同解读,但无论哪种解读都是基于其中主要语言成分的词义共振后的阐释。

(1) I left the university a short time ago. (Taylor 2012)

该句中,I(我)具有两种意义,可以指"说这句话的当事人",也可以特指"在这所大学工作或学习的教师、员工或学生";left(leave,离开)也具有两种意义,可以指"因身体移动而离开某个空间范围",也可以特指"与机构或单位脱离工作或学习关系的行为";the university(这所大学)也同样既可以指"建筑物及其内部空间",又可以指"教育机构或单位";a short time ago（短时间前）既可以指"很短的时间（如几分钟）"，又可以指因场境不同而特指"几天或几个月不等的时间段"。将这些主要成分的语义和意义进行组合选择及深层思维加工后，整个句子就会产生两种不同解读：既可以指"说话人'我'在大约几分钟前离开了这所大学的校园"，又可以指"说话人'我'在几天或几个月前与这所大学脱离了工作或学习关系"。不难看出，这两种解读是针对句中主要成分的不同意义构建而得出的。但是，句子中所含的成分语义或意义并非可以随意自由组合，如若出现"与该大学没有任何关系的'我'在几分钟前脱离了与该大学的关系"或者"作为这个大学教师的'我'在几个月前离开了这所大学的校园"，这样的句子则不合乎常理，一般我们不会构建出如此怪异的句子意义。其根本原因在于，句子中的主要成分在意义构建过程中必然要受到词义共振原则的限制与统辖，最后以句子意义构建与客观现实能够融洽和谐为旨归。反之，词义共振原理也正是词汇（和句子、段落、篇章）意义能够得到适合解读的机制和动力，语言理解的过程在很大程度上就是一种词义共振的动态协商和平衡过程，如下面这个句子。

（2）Send your girlfriend somewhere really cool, the fridge for a pork pie. A pork pie goes nicely with a bottle of WKD Original Vodka.（Evans 2010：230）

该句中 cool（冷的），这个单词的语义基本确定，首先来自与 really 的组合搭配义，即 really cool（很酷），表示"一种积极的评价"。经过思维深层的心理情境模拟过程之后，前半句可以解读为一个"建议"，即"建议听话人带女朋友去一个很酷的地方旅行"。但是，随着语流的继续行进，后半句出现了 fridge "冰箱"，fridge 是一个温度低、让人感觉寒冷的地方，这与前半句中对 really cool 表示"正面积极评价"的意义构建相冲突。因此，经过再次词义共振过程，really cool 的意义得到调整以达到与 fridge 的意义相融洽，并重新经过心理情境模拟过程后，整个句子的意义即表示"让你的女朋友去冰箱给你拿一个猪派，而这猪派和威奇伏特加酒极配"。原来，这是一个威奇伏特加酒的广告词，而其中对于单词 cool 意义的构建和调整再构建的过程正是这个广告的幽默之处，并借此留给消费者深刻印象，激发对该产品的购买欲望，达到广告效应。

正如弗斯（Firth 1957）所言，由词之结伴可知其义，句子中的词语并非孤立存在，而是处于相互选择、约束并共同呈现彼此的互动关系之中，而推动这种互动关系的重要机制和动力是词义共振原则。但是，这种互动关系究竟又具有怎样的规律性特征？学界常常冠以"变化多端""不可捉摸""语境易变性"之名而仓促了之，鲜有对其进行深入挖掘者，本研究将尝试对语言中的主要词类，即名词、动词和形容词的意义构建特征进行探究。

6.2 名词与动词和形容词两分

金兆梓（1955：48-54）在其专著《国文法之研究》中提出，语言文字是表达思想的工具，而思想的构成，就有两个顶要紧的观念（ideas）：（1）体（substance）；（2）相（attributes）。这"体"和"相"两者之间有一种很紧密的关系，说到"体"就会联想到它的"相"，说到"相"就会联想到它的"体"。譬如，想着"水"就会联想到"透明""流动""湿"等"水"的"相"；想着"火"也就会联想到"发光""燃烧""热"等"火"的"相"。相反，若是想到"透明""流动""湿"和"发光""燃烧""热"等诸"相"，同时也就会联想到"水""火"两种"体"。凡是标指"体"的字，如"水""火"，就叫它为"体词"（substance words）。凡是标指"相"的字，如"透明""流动""湿""发光""燃烧""热"等，就称之为"相词"（attribute words）。凡体的种种"相"，又可以归纳为两种：一种是"定相"（permanent attributes），另一种则是"动相"（changing attributes）。例如，"狡兔死，走狗烹，飞鸟尽，良弓藏"这一复句中，"狡"和"良"是"兔"和"弓"所固有的品态，可称为"定相"；"走"和"飞"是"狗"和"鸟"一时的行动或现象，可称为"动相"。由此看来，金先生所谓的体词大致就相当于现代汉语语法体系中所谓的名词，而相词中的"动相"大致就相当于动词，"定相"大致就相当于形容词。简言之，在汉语中，名词是体词，而动词和形容词是相词（郭绍虞1979：331）；名词标指具体事物，动词标指事物的行动或现象，即动态，而形容词则标指事物的固态。

不仅中国学者对名词、动词和形容词之间具有如此两分的观点，亚里士多德在其《范畴篇·解释篇》（1996：11）中也曾将现实世界划分为本源和他源两大范畴。本源范畴即实体，是指客观世界中独立存在而不依赖于任何其他事物的各种独立个体及其所代表的类；他源范畴则包括性质、关系、地点、数量等九大范畴，它们存在于实体之中，是实体的属性。语言是人类与现实世界互动的产物,语言结构和功能更是人类认知活动的凝结和反映,语言范畴与现实世界范畴在很大程度上存在对应关系。一般说来,名词与实体相对应,动词和形容词则分别对应于活动和性质。一方面,实体与活动和性质体现出本质上的差异,这种差异反映在语言中则体现为名词与动词和形容词之间具有不同的性质和功能;另一方面,在现实世界中,实体与活动和性质之间也并非互不往来,而恰恰有着密切的联系,这种联系可表现为活动和性质总是属于实体的活动和性质,而任何实体总是伴随具有某种特定的活动能力和性质特征。这种密切联系映射到语言层面,则表现为动词和形容词总是用来阐释、描述、修饰或限定名词,而名词在不同的动词和形容词的阐释、描述、修饰或限定中,呈现出自己某一特定的侧面。显然,亚里士多德也将语言中的名词与动词和形容词进行两分。

认知语言学家兰盖克(Langacker 1987:189)在传统语法对英语词类划分的基础上,从语义视角也对名词与动词和形容词等词类进行了重新划分和界定。兰盖克(Langacker 1987)提出,像名词、动词、形容词等都是语言的象征单位,都有各自的语义极和语音极,而决定词类范畴的是语义极。同一范畴内的所有成员享有共同的基本语义属性,因此,它们的语义极例示了一个易于合理清晰描写的单一抽象图式。例如,名词是个象征结构,其语义极例示了"事物"(thing)的图式,即名词表示"事物";动词的语义极例示了"过程"(process)的图式,即动词表示"时间性关系"(temporal relations);形容词的语义极例示了"性质"的图式,即形容词表示"非时间性关系"(atemporal relations)。过程层面上的时间性关系和性质属性层面上的非时间性关系可以统称为关系性述义(relational predication),与名词性述义(nominal predication)相对。埃文斯(Evans 2010:119-122)从词汇概念的角度,认为语言内容编码区分了名词性(nominals)和关系性(relational)词汇概念。名词性词汇概念具有概念自治性(conceptually autonomousity);相反,关系性词汇概念则具有概念依存性(conceptually dependency),并在不同实体之间构成一种关系。因此,关系性词汇概念为充分实现关系的本质而通常需要依赖于别的实体,如例(3)。

(3) John hid the mobile telephone in the wardrobe.

例(3)中的 John(人名),mobile telephone(手机)和 wardrobe(衣橱)属于名词性词汇概念,具有概念自治性;而 hid(hide,躲藏)属于关系性词汇概念，其意义要依存于 John、mobile telephone 和 wardrobe 这些自治性概念，与它们相关并建立一种关系。这种关系包括三个概念自治的参与者 John、mobile telephone 和 wardrobe 及他们之间的关系 hid。这正如戈德伯格（Goldberg 1995）所指出的，关系性词的概念依存性结构需要依仗图式参与者的角色构建，而上例中的 hid 则编码了三个图式参与者角色：隐藏者、被隐藏物和位置。

由此可见，汉英语言中，对于名词与动词和形容词进行两个大类的划分早已受到学界的关注，可从实体本身和实体的"相"角度定义体词和相词，以示区分；或可从实体和实体的活动、性质角度定义本源范畴和他源范畴，以示区分；而现代认知语言学则从概念自足性和依赖性角度定义名词性述义和关系性述义，以示区分。总之，名词往往指代实体，是本源，概念具有独立性和自足性；而动词和形容词往往分别指代实体的动态和固态，即活动和性质，是他源，概念上具有关系性和依赖性。也正因此，这两大类词语在具体语境中的意义构建也表现出不同的规律性特征：名词语境意义构建具有自转型特征，而动词和形容词语境意义构建具有公转型特征。本章主要侧重名词的自转型特征分析，关于动词和形容词的公转型特征将在下一章阐述。

在正式阐述名词与动词和形容词的意义构建特征之前，有一点需要特别说明。根据第 5 章中提出的词义构建三角模型，语言层面的词汇语义加工是词义构建的始端，同时也是导引词义进行深入心理和使用层面的情境模拟和协商构建的重要因子。反之，词汇语义来源于词汇概念，而词汇概念则是意义构建事件的足迹记忆，因此词汇语义和词汇意义之间经由词汇概念而相互贯通。同时，因为词汇意义是基于特定语境的在线心理构建过程，很难用语言清楚表述，而词汇语义则相对明晰和确定，可以用语言明确表述，又鉴于两者之间经由词汇概念可以相互通达，下文在阐述意义构建特征时很多时候都是用词汇语义特征来兼顾词汇语义和词汇意义这两个层面。尽管如此，两者之间也并非可以等同，因此，在需要特意区别的部分本书依然会分别阐述。但是，总体说来，本书假定两者之间具有相互贯联和映射同质性。简言之，在下面的两个章节中主要以词汇语义为切入口，谈论语境词汇意义构建的规律性特征。

6.3 名词的自转型意义构建

根据《现汉》（第6版：1730），自转，是指天体绕着自己的轴心而转动。地球和月球都进行自转运动。例如，地球的自转是指地球围绕着一根假想的自转轴不停地转动。本书中所谓名词的自转型意义构建，主要牵涉两个层面：一是名词在语义上具有相对的自足性和独立性，犹如一个相对独立的天体实体；二是名词在具体使用中，与其他语言成分互为语境，受词义共振机制的推动，名词意义构建呈现出视角化（perspectivization）特征，即特定语境中展现自己特定的义面，这犹如天体在银河系中作自行旋转运动。诚然，这种自转是与动词和形容词意义构建模式的差异相对而言的，并非真正意义上天体的永恒自转运动。

6.3.1 语义自足

关于自转的第一个层面，即名词语义具有相对的自足性和独立性。这一点其实学界早已注意到，而且通常与动词语义具有依赖性进行对比。如普斯特耶夫斯基（Pustejovsky 1996：19）曾指出，名词 woman（女人），可以指称世界上表示女性类别中的个体，而动词 love（爱）、hate（恨），则仅能表示世界事物个体之间的关系。墨菲（Murphy 2010：148）也曾指出，名词 pigeon（鸽子）的语义就是其自身，语义学家表征 pigeon 语义时，只需指出"指称一类鸟"，而不必涉及关于 pigeon 与其他鸟类相区别的具体细节，因为这些细节不太可能会影响 pigeon 与哪些动词相匹配或影响修饰 pigeon 的形容词的解释等；但表征动词 wear（穿）语义时，就需要联想到别的事物，如"被穿的衣服""正在做'穿'这个动作的人或物"等。据此，墨菲（Murphy 2010：148）认为，名词语义相对独立和自治，是语义话题讨论中最不复杂的一种词类。沈家煊（2016：194）从认知角度提出，名词和动词具有不对称性，而且往往以名词为根本，这是所有语言的共性。"名动不对称"的根本原因是人对事物和动作存在认知上的差异性。换言之，事物概念具有独立性，我们一般可以想象一个事物但不必联想到相应动作；反之，动作概念却需要依附于相关事物，我们很难想象一个动作而不联想到相应事物。例如，"鼓"这个概念可以独立存在，不必想到与"鼓"相关如"击"的动作概念，但是"击"的动作概念却无法脱离"人"或"鼓"的事物概念而独立存在（戴浩一1997；沈家煊2016）。同样，董绍克等（2013：122）在研究汉语方言的词汇比较时也指出，名词和动词互为依赖的不对称性。他们认为，名词并不总是依赖于动词，但动词对名词的依赖却是普遍的绝对依赖，如徐州方言"那水多大啵，房子都<u>没喽</u>了"中，"没喽"表示"淹没"的动作义，但这个动作义中必然要涉及"水"和"房子"的名词范畴，即"水淹没了房子"。又如厦门方言"乞人"表示"（女儿）许配给男家"的动作义，但要理解这个词语的意义，必然会涉及"父母""女儿""男家"的名词范畴，单独"许配"的动作义不足以明确阐释"乞人"的词义。具体而言，汉语母语者都普遍认为，"父母"是"许配（女儿）"的施动者，"女儿"是"许配"的对象客体，而"男家"是"许配"的接受者。反之，厦门方言中的"沙线"表示"不露出水面的浅滩"的名词义，如"船着得照（照：按照航道行走），若行偏去淡薄（淡薄：较浅的地方），会桨着<u>沙线</u>（桨着沙线：搁在沙滩上）"，这个名词义却不必然涉及船"行进"的动作范畴。由此，与动词语义往往需要依赖于名词相对，名词语义往往具有独立性和自足性。

本书进一步提出，名词概念的独立性和语义的自足性具有认知心理基础。在第5章中已经阐明，词汇意义的构建过程其本质是语言与情境模拟的融合交互作用，而其中概念层面的深层加工就是一种自上而下地激活与特定词汇相关的概念结构以重演主体与客体交互作用时的各种感知状态的心理模拟过程，通过激活模拟，词汇概念在真实世界的词汇意义随之构建。显然，基于语境的名词词汇意义的构建过程主要也是基于情境模拟的心理过程，而某个特定的情境必然要倚重于客观世界中某个（些）客体，即物体，这个（些）物体反映在语言中则主要由名词来指称。换言之，如果是名词自身的意义构建，情境模拟主要侧重名词所指称的事物；如果是动词、形容词等其他词类的意义构建，情境模拟则仍然需要依托于名词所指称的事物，这正印证了名词是本源范畴的说法，也跟上文提出的名词语义具有根本性（沈家煊 2016：194）的观点一致。在认知语言学中，兰盖克（Langacker 1987：214-215）则用图形比较形象地绘释出名词性述义与关系性述义（包括动词、形容词等）之间的区别，如图6.1所示。

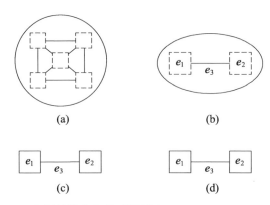

图 6.1　名词性述义与关系性述义（Langacker 1987：215）

兰盖克（Langacker 1987：214）指出，一个名词性述义往往凸显整个事物，也就是认知域中的整个区域。此处所谓区域，是指一个互相联系的实体，如图 6.1 中，组成区域的这些虚线方框表示构成事物的成分实体，而连接这些方框之间的线段则表示各成分实体之间不可或缺的相互联系。图 6.1（a），由于事物凸显的是一个整体，因此，整个区域用一根粗实线围成的圆圈表示，而构成区域的诸多成分实体及其相互关系尽管也都共同参与了凸现，但每个个体并未能得到突显，因此用虚线表示①。图 6.1（b）则是图 6.1（a）构型的简化形式，即若区域中仅包含两个成分实体，分别用 e_1 和 e_2 表示构成这两个成分实体的认知事件，用 e_3 表示连接 e_1 和 e_2 之间的相互关系，理论上，e_1、e_2 的活跃程度始终高于 e_3。相对于图（b），图 6.1（c）则表示关系性述义的简化形式，显然此时 e_3 的连接功能得到高度激活凸显。因此，兰盖克（Langacker 1987：215）指出，名词性述义和关系性述义的区别并不一定能说明成分事件在数量和组织上有何不同，而主要是两者相对激活和凸显的成分不同，即名词性述义凸显的是一个统一的实体，而关系性述义则聚焦于事物之间的相互关系，凸显这些相互关系的概念化所依赖的认知事件。在此基础上，兰盖克（Langacker 1987：215）又进一步指出，关系具有概念依存性，我们首先必须对各实体进行概念化，然后才能对它们相互间的关系进行概念化。换言之，图 6.1（c）中，若没

---

① 本书不完全同意兰盖克（Langacker 1987：214）此处的观点，这个问题应当一分为二地看，当名词性述义与关系性述义进行对比时，事物确实以整体凸显，其成分实体并未得到突出，但当仅聚焦于名词性述义时，其成分实体也会以某一特定义面的形式得到凸显，6.3.2 将详述这个问题。

有 e_1、e_2 的概念化，也就不会有表示它们之间关系的 e_3 的概念化，e_3 达到高度激活状态的前提是 e_1、e_2 首先在相应的高层级上被激活，也就是图 6.1（d）。由此可见，相对于动词语义而言，名词语义具有中心地位。

从以上诸多学者的研究中基本可以确认，名词概念的独立性和语义的自足性问题在学界已经达成共识，而这种独立性和自足性是语境中名词意义构建进行自我旋转识解的基础。换言之，具有语义自足性的名词在实际语境中的意义构建为何依然会展现出多变性和复杂性？本书认为，其中涉及语境中的名词具有词汇语义的义面轮转问题。

6.3.2 义面轮转

所谓义面，是指相互离散但又共同存在于同一个词语语义中的多种解读（Cruse 2011：104）。如下文例（4）中，book 可以有两种不同意义的解读，即"物质性（的书）"和"（书的）内容"，这两种解读可分别称为物质义面（tome facet）和内容义面（text facet），它们相互之间则可互称为姐（或妹）义面（sister facet）。

(4) Put this ***book*** back on the shelf: it's quite unreadable.

克鲁斯（Cruse 2011：107）提出，词语通常具有义面统一的本质，若将词语的语义看成一个整体，那么这个整体中就存在多种不同成分的义面。换言之，若将 book 的语义"书"看成一个整体，那么在不同语境中解读为"物质性的书"和"书的内容"就是其成分的不同义面解读。从更形象的视角看，义面是指当一个语义多面体呈现于面前时，往往只有其中一个面能够得到凸显，而成为显性义面，其余义面则处于背面而被隐含。这正如王文斌（2015）提出的，词义的多面性，本质上是图形与背景之间的转换。图形就是突显，背景就是衬托，图形与背景的关系可以相互转化，而只要一方被图形化，那么其他因素就会隐藏于后台，作为引申词义潜伏于背景。

上文已经阐述，名词具有概念的独立性和语义的自足性，尽管如此，名词语义也并不完全是一个囫囵的整体。而正如兰盖克（Langacker 1987：215）在图 6.1 中所示，语义内部依然由诸多成分实体构成，各成分实体之间又具有相互连接的各种关系，当我们聚焦于名词语义本身，这些成分实体和关系就会各自被凸显出来，成为名词的义面。换言之，当名词在与其他语言成分互为语境时，由于受到词义共振机制的统辖和管制，名词为与其他语言成分（包括动词、形容词、其他名词等）最终能在词义上达成匹配和谐，会进行自我语义层面的旋转，以凸显自己不同的义面，而由义面导引，经历心理模拟构建后的语境意义则呈现出多样性和易变性。简言之，语境中的名词意义构建的多样性和易变性本质是由于名词自身语义义面的轮转。下文将分类阐述不同名词可能具有的不同义面。

6.3.2.1 物性角色轮转

在 2.1 的词义研究回顾中曾经提到，生成词库理论将百科知识和逻辑推理关系写入词汇语义之中，试图通过对词语的语义结构做多层面的详尽描写和构建有限的语义运作机制，来解释语境中的词义实现。本书认为，其中所谓的类似纯粹选择、类型调节和类型强迫等语义运作机制只能作为一种解释机制，很可能并不具有心理现实性，实际的语流行进中的意义解读，本质是一种心理构建过程，这在第 5 章已经阐述清楚。但是，生成词库理论中对于名词词义的描写框架确实可以对语境搭配中的词汇语义内涵做出较为全面深入的概括和刻画，对本研究阐述名词词义自转特征给予很大启示。下文先简略介绍物性角色的已有研究，然后重点追述名词词义在物性角色之间轮转的特征。

亚里士多德在《形而上学》中提出事物的四因说，即假定世界上存在四个解释性条件和因素，可以用来说明具体事物产生和运动变化的原因。这四个原因具体是指质料因（material cause）、形式因（formal cause）、效果或动力因（efficient or moving cause）、终极因（final cause）。所谓质料因，是指致使事物产生、并在事物内部始终存在着的成分实体，如构成事物的原始材料，诸如陶罐的黏土、书桌的木料、高楼大厦的钢筋水泥等。所谓形式因，是指事物内在的或固定的结构形式，如构成事物的样式和形状，诸如陶罐师傅画的罐形或轮廓图、书桌的结构形状、高楼大厦的建筑图形。所谓效果或动力因，是指促使事物运动或引起变化的运动过程，或指推动质料变成形式的某种力量或事物，诸如促使黏土变成陶罐的烧烤过程或陶罐师，促使木料变成书桌的制作过程或木匠师傅，促使钢筋水泥变成高楼大厦的建造过程或建筑师等。所谓终极因，是指事物产生或运动变化所追求的目的，即事物最后的用途和作用，如做陶罐是为了装水，制作书桌是为了学习，建造高楼大厦是为了居住或者买卖等。亚里士多德认为，他的这套学说基本能够解释一切事物的成因，是人类理性对于事物最普遍面相和终极原因的探索（袁毓林 2014），对于名词意义的研究具有重要的指导意义。普斯特耶夫斯基（Pustejovsky 1995）基于亚氏四因说，提出名词语义的四种物性角色，即构成角色、形式角色、施成角色、功用角色，这四种角色显然与四因说一一对应。构成角色对应质料因，是指构成物体的各个组成部分及物体的材料、质量、轻重等，如铝合金门窗的构成角色包括玻璃和铝合金等，铅笔的构成角色包括石墨和木头（或聚酯材料）。形式角色对应形式因，包括方向、尺度、形状、维度、颜色和位置等，如铅笔的形式角色包括红色（或别的颜色）、拿在手里等，铝合金门窗的形式角色包括朝南、长方形等。施成角色对应效果或动力因，包括创造者、人工合成、自然类、因果链等，如粽子是用米和肉包裹出来的，"包裹"是粽子的施成角色，毛衣是妈妈手工编织出来的，那么"编织"是毛衣的施成角色。功用角色对应终极因，如粽子是用来吃的，毛衣是用来穿的，那么"吃"和"穿"就分别是粽子和毛衣的功用角色。然而，袁毓林（2013，2014）认为，这四种物性角色并不足以全面反映汉语名词语义的描写，因此他在大量实际语料调查的基础上，将其进一步扩展成十种，即形式、构成、单位、评价、施成、材料、功用、行为、处置和定位，并对这十种物性角色一一进行了详细的定义，给出充分的例子说明。如形式角色，是指名词的分类属性、语义类型和本体层级特征，如"石头"是"有形物质、自然物"，"兔子"是"小动物、哺乳动物"，"合同"是"抽象事物、法规、契约、文书"等；评价角色，是指对事物的主观评价、情感色彩等，如对"水"的评价有"清澈、碧绿、脏、浑浊"等，对"医生"的评价有"好、坏、著名、伟大、杰出、优秀"等。袁毓林（2014）对于名词物性角色的描写更加具体详细，其出发点主要是为汉语国际教学和中文信息处理等应用性需求服务，但是，从语言研究角度来说，似乎违背了简约原则，有些烦琐。本书所谓的物性角色主要还是以普斯特耶夫斯基（Pustejovsky 1995）提出的四种角色为主。总体说来，这四种物性角色已经基本能够反映人类对于名词所指事物最为关切的内容。事物的客观属性特征与人类主观评价特征也基本被包裹在这个描写框架中，这个描写框架能够多维度地展示名词自身所能容纳的基本语义信息参数。而当名词在实际语言使用中与其他语言成分的搭配组合时，特定的语义信息参数则会凸显自己的某一个或几个角色，即义面，并以此义面为导引经由词汇概念而适时构建特定的词汇意义。

（一）名词与名词的搭配组合中，目标名词往往呈现四种角色轮转。

（5）构成角色：红木**家具**　牛肉**饺子**　铂金**项链**　真丝**睡衣**　玻璃**杯**　羽绒**被**

在例（5）组合中，每个搭配中前面的名词是对后面目标名词的修饰，如"红木家具"中的"红木"修饰"家具"，此时"家具"语义凸显其构成角色，经过情境模拟后可以判定此处"家具"的意义主要指家具的构成材料是红木，一种名贵木材，而不是别的普通木料；"牛肉饺子"中的"牛肉"修饰"饺子"，此时"饺子"语义也凸显其构成角色，"饺子"的意义主要指其裹着的馅的食料是牛肉而不是猪肉或青菜；"铂金项链"中的"铂金"修饰"项链"，此时"项链"也凸显其构成角色，"项链"的意义主要指其构成质料是铂金，而不是黄金、白金或钻石等。同样，"真丝睡衣""玻璃杯""羽绒被"中，后面名词的语义在与前面修饰名词结合后，凸显其构成角色的义面，即"睡衣"的制作材料是真丝，"杯子"的构成材料是玻璃，"被子"中的填充物是羽绒。经过情境模拟，在词义构建者的心里由这些物质材料构成的相应实物可以得到栩栩如生地突显，而该名词的意义也就得到相应构建。

（6）形式角色：宁波**汤圆**　鹅蛋**脸**　三岁**小孩**　夏天**温度**　宽**屏幕**　东边**日出**

在例（6）组合中，每个搭配中，前面的名词也是对后面目标名词进行修饰，如"宁波汤圆"中的"宁波"修饰"汤圆"，此时"汤圆"语义凸显其产地；"鹅蛋脸"中"鹅蛋"修饰"脸"，此时"脸"语义凸显其形状；"三岁小孩"中的"三岁"修饰"小孩"，此时"小孩"语义凸显其年龄大小。同样，"夏天温度""宽屏幕""东边日出"中，后面名词的语义与前面修饰名词结合后，均凸显其形式角色中的某一个义面，即"温度"的时间是在夏天，"屏幕"的大小尺寸是宽的，而不是窄的，"日出"的方向是在东边，而不是西边。在这些相应语义义面的指引下，解读者经过情境模拟，相应名词的意义也随之得到构建。

（7）施成角色：复合**词**　手工**皂**　周杰伦**演唱会**　人造**纤维**　手抄**报**　装订**本**

在例（7）组合中，每个搭配中，前面的名词也是对后面目标名词进行修饰，如"复合词"中的"复合"修饰"词"，此时"词"语义凸显其施成角色，经过心理模拟后得到该"词"是由两个或多个单词经复合后构成，如英语中的 pick-pocket（小偷）、sun-bathing（日光浴）、doorbell（门铃）等；"手工皂"中的"手工"修饰"（肥）皂"，此时"（肥）皂"的意义凸显其制作流程和方式；"周杰伦演唱会"中的"周杰伦"修饰"演唱会",此时"演唱会"的意义凸显演唱会的主要创造者。同样的,"人造纤维""手抄报""装订本"中,后面名词与前面修饰名词结合后,均凸显其施成角色的义面,即"纤维"是由人工制造的,"报纸"是由人手工抄写完成的,"书本"是通过装订完成的。

(8)功用角色:生日**礼物** 蛋糕**券** 电影**票** 货**车** 衣**橱** 饭**卡**

在例(8)组合中,每个搭配中,前面的名词是对后面目标名词进行修饰,如"生日礼物"中的"生日"修饰"礼物",此时"礼物"语义凸显其功用角色,经过心理模拟后得到赠送或收到该"礼物"主要是为庆祝生日;"蛋糕券"中的"蛋糕"修饰"券",此时"蛋糕券"的语义凸显其功能是用来买蛋糕的;"电影票"中的"电影"修饰"票(子)",此时"票(子)"的语义凸显其功能是为了看电影而买的票。同样的,"货车""衣橱""饭卡"中,前面的名词修饰后面的目标名词,此时目标名词的语义均凸显其功用角色的义面,即这辆"车"是用来装货物的,"橱(子)"是用来放衣服的,"卡"是用来吃饭的,经过功用角色义面的导引,这些名词的意义构建就会随之显现。

(二)形容词与名词的搭配组合中,名词主要呈现形式角色和功用角色轮转。

(9)形式角色:崭新的**衣服** 宽阔的**街道** 昏暗的**房间** 圆圆的**月亮** 平静的**海面** 滚烫的**开水**

在例(9)组合中,从句法结构角度分析,每个搭配中,前面的形容词修饰后面的名词,如"崭新的衣服"中的"崭新的"修饰"衣服",此时"衣服"的语义凸显其形式角色的义面,即该衣服具有崭新这一属性特征;"宽阔的街道"中的"宽阔的"修饰"街道",此时"街道"的语义也凸显其形式角色的义面,即该街道在大小维度上呈现出"宽阔"这一属性特征。同样的,"昏暗的房间""圆圆的月亮""平静的海面""滚烫的开水"中,前面的形容词均修饰后面的名词,此时后面名词的语义均凸显它们的形式角色义面,即"房间"具有"昏暗的"属性特征,"月亮"具有"圆圆的"形状特征,"海面"具有此时"平静的"动态特征,"开水"具有"滚烫的"性状特征。

(10)功用角色:舒服的**椅子** 锋利的**剪刀** 美味的**蛋糕** 危险的**沙滩** 轻便的**摩托车** 有趣的**故事书**

在例(10)组合中,与例(9)组合中的句法结构上相似,每个搭配中，都是前面的形容词修饰后面的名词，但不同的是例（10）组合中，每个搭配中，后面的名词语义均呈现其功用角色的义面，即"椅子"坐起来很舒服，"剪刀"剪东西的时候很锋利，"菜肴"吃着很美味，在"沙滩"上玩很危险，"摩托车"骑起来很轻便，"故事书"读起来很有趣。

（三）动词与名词的搭配组合中，名词主要呈现施成和功用角色轮转。

（11）施成角色：写**论文** 打**毛衣** 建**厂房** 煮**米饭** 挖**渠道** 演**话剧**

在例（11）组合中，后面的名词基本是前面动词的宾语，如"写论文"中的"论文"是"写"的宾语，此时"论文"的语义凸显其施成角色的义面，即论文是"写"出来的；"打毛衣"中的"毛衣"是"打"的宾语，此时"毛衣"的语义凸显其施成角色的义面，即毛衣是手工"打制"出来的；"建厂房"中的"厂房"是"建"的宾语，此时"厂房"的语义凸显其施成角色的义面，即厂房是建筑工人"建造"起来的。同样，"煮米饭""挖渠道""演话剧"中，后面的名词都是前面动词的宾语，此时后面名词的语义均凸显其施成角色的义面，即"米饭"是电饭煲或锅子里"烧煮"出来的，"渠道"是工人在地里"挖"出来的，"话剧"是演员在舞台上"表演"出来的。

（12）功用角色：开**汽车** 看**电影** 吃**馒头** 踢**足球** 骑**自行车** 玩**游戏**

在例（12）组合中，每个搭配中，后面的名词是前面动词的宾语，如"开汽车"中的"汽车"是"开"的宾语，此时"汽车"的语义凸显其功用角色的义面，即汽车是用来开的、驾驶的；"看电影"中的"电影"是"看"的宾语，此时"电影"的语义凸显其功用角色的义面，即"电影"是用来"看"的；"吃馒头"中的"馒头"是"吃"的宾语，此时"馒头"的语义凸显其功用角色的义面，即"馒头"是用来"吃"的。同样的，"踢足球""骑自行车""玩游戏"中，后面的名词都是前面动词的宾语，此时后面名词的语义均凸显其功用角色的义面，即"足球"是用来"踢"的，"自行车"是用来"骑"的，"游戏"是用来"玩"的。

以上从名词（作为修饰成分）、形容词、动词与名词的组合中，可以窥见，组合中目标名词的语义均展现出自己特定的一个侧面，即特定的一种物性角色义面，基于这种特定义面的导引，经过概念层面的心理模拟过程，适于语境的解读就得到凸显，这就犹如一个多棱面的天体在不同搭配语境中进行自我转动。同时，名词作为修饰成分与目标名词相搭配的组合中，目标名词展现的义面是最全面的，四种物性角色均有；而形容词与名词搭配组合中，名词则主要呈现形式角色和功用角色；动词与名词搭配组合中，名词则主要呈现施成角色和功用角色。这从另一个角度也可证明名词在各类语言成分中具有本源的特征，有时事物动作和相关属性可以用名词来替代。反之，形容词或动词却很少能替代名词，反映在组合中，如"贼眉鼠眼"，其中的"贼""鼠"就是利用这两个事物（即名词）本身的属性特征"鬼鬼祟祟"，来指称一种神情状态（即形容词）；又如"客车"，指"载客的车"，其中的名词"客"表示"载客"，这里名词替代了动词"载"（客），但是很少用"载"替代"载客"，即"载车"的说法很难成立。要而言之，用名词替代所要指称的动作（动词）或属性特征（形容词）的现象比较普遍，反之则不太常见。

为更清晰地展现名词与其他名词、形容词和动词组合时会展现自己不同的义面，这里指不同的物性角色，下文将以相同的名词"手机"、dictionary 处于不同语境组合中为例。

(13) a. 世界上最远的距离，并不是生与死，而是我在你身边，你却在玩**手机**。　　　　　　　　　　　　　　　　　　（功用角色）

b. 随着时间的流逝，从原本黑金刚变成了现在 6 寸 4G 智能型**手机**，这些设备虽好，却让我掉进了它的陷阱。

（构成角色、形式角色）

c. 原本可以聊天的时间，现在通通变成了**手机**的互动时间。

（功用角色）

d. 北京商报记者观察到，苹果此次出售翻新**手机**的价格比新款产品便宜了约 15%。　　　　　　　　　　　　　　（施成角色）

例（13a）中的"手机"与动词"玩"组合，凸显其功用角色，即手机的用途之一可以被用来玩。(13b) 中的"手机"与名词"智能型"相结合，凸显其形式角色，同时与前面的修饰成分"从原本黑金刚变成现在 6 寸 4G"组合，也凸显其构成角色。(13c) 中的"手机"与名词短语"互动时间"结合，也凸显其功用角色，即手机具有可以使人与人之间进行交流互动的功能。(13d) 中的"手机"与动词"翻新"结合，凸显其施成角色，即这款手机是采用了翻新的方式制造完成，与全新制造的施成方式形成对比。

(14) a. *The Oxford English **Dictionary*** observes that modern use of the term

"science" is often treated as synonymous with "Natural and Physical Science". （形式角色）

b. I picked up the ***dictionary***. The pages were yellowed with age, but not brittle. （构成角色）

c. She did, however, have her staff look up in the ***dictionary*** the words "empty barrel". （功用角色）

d. *The American Heritage Electronic **Dictionary*** combines a dictionary and thesaurus in one program and lets you search in novel ways.

（施成角色）

例（14a）句中的 dictionary 与 the Oxford、English 组合，凸显其形式角色，即该 dictionary 的语言属性特征是 English 而不是别的语种，其品牌属性是 Oxford，而不是 Longman、Webster、Collins 等。（14b）句中的 dictionary 处于 pick up、the pages were yellowed with age 等搭配语境中，主要凸显其构成角色，即构成质料为随着岁月发黄了的（纸质）。（14c）句中的 dictionary 与 look up、the words "empty barrel" 等组合，凸显其功用角色，即查阅单词 empty barrel。（14d）句中的 dictionary 与 electronic、combine a dictionary and thesaurus in one program 等组合，主要凸显其施成角色，即是电子词典，而非普通的纸质词典，而且是将普通的词典和某一领域的特定辞典相结合构成。

从以上例句中的"手机"和 dictionary 中，可以窥见，"手机"和 dictionary 本身的语义犹如一个具有多棱面的天体，当处于实际语言使用环境中时，受词义共振机制的统辖，与其搭配组合的动词、形容词或其他名词和语言成分往往会推动该名词语义呈现出一种自我旋转，展示自己特定义面的趋势。但是，需要特别强调的是，无论名词"手机"、dictionary 的语义呈现哪一种或几种物性角色，都是其自身语义的一部分，它的整体语义具有语境独立性和自足性。因此，本书提出，如果将名词的语义分为四种物性角色，那么当名词与周边语言成分组合时，就会呈现出物性角色义面的轮转特征，而由其义面导引并构建的意义特征也就相应地呈现出自转特征。诚然，并不是所有的名词都同时具有四种物性角色，也并不是所有名词在具体语言使用环境中会均质地呈现出四种义面的自转，正如袁毓林（2014）将物性角色扩展至十种一样，自然还会有其他学者因分类标准不同，或研究目的不同而将其扩充为二十种，或者缩小为两种，甚至一种，本书都不得而知。但是，本书通过利用普斯特耶夫斯基（Pustejovsky 1995）提出的相对较为成熟的名词物性角色理论，可以清楚地展示具体语境中的名词意义构建的自转型雏形。为更加具体深入地论证自转型理论，本书将从另一种名词语义划分标准的角度，再次阐释名词意义构建的自转义面。

6.3.2.2 物质义·事件义轮转

根据《现汉》（第 6 版：906），名词，是指表示人或事物名称的词。而其中所谓的"事物"，在现代汉语里偏重"物"，"事"的词义基本没有了。但是，在古代汉语里，"事物"是指"事"与"物"两个独立个体，"物"类似于现代汉语的"事物"，即英语中的 entity，是静态的，可观察得到的；"事"类似于现代汉语的事件，即英语中的 event，是动态的，难以定位观察的，正在运动过程中的，无法预料其结果的。马建忠（1898/1983）在《马氏文通》中曾提出：

"事物二字，一切毕赅矣。在天之日月星辰，在地之河海华岳，人伦之君臣父子，物之有形者也。怪力乱神，利命与仁，物之无形者也。而所教者文行忠信，所治者德礼政刑，所得者位禄名寿，所艺者礼乐射御书数，皆事也，皆名也。凡目所见、耳所闻、口所嗜、鼻所嗅、四肢之所触，与夫心之所志、意之所感，举凡别声、被色与无声、无臭，苟可以语言称之者，无非事也，无非物也，无非名也。"

由此可见，"事物"可以归结为：指人之所感的有形的东西，人之所想的无形的东西，以及人所做的事情，据此，事物的细分如图 6.2 所示。

$$事物\begin{cases}物体\begin{cases}有形\\无形\end{cases}\\事件\end{cases}$$

图 6.2 事物的分类

（赵春利、石定栩 2009）

根据图 6.2，事物可以分为两大类：即物体和事件。那么，指称事物的名词语义也可以相应地分为两类，即物质义和事件义。再根据物体又可以分为有形和无形，那么，指称物体的名词语义也可以相应分为两类，即物质义和内容义。物质义指称有形的物体，内容义指称无形的内容。理论上，名词可以同时具有这三种不同义面，但是根据实际语料的分析，特定名词主要呈现以下两种情况：第一种情况是物质义和事件义轮转，另一种情况是物质义和内容义轮转，下文首先讨论第一种。

（一）乒乓球、网球、足球、排球等球类名词。

乒乓球、网球、足球、排球等球类名词，一般都具有物质义和事件义，物质义是指名词指称该实在的、可触摸、可见的、静态的球。如"乒乓球"就是指乒乓球运动使用的球，通常用赛璐珞制成，直径为38毫米或40毫米左右。"网球"指网球运动使用的球，圆形，有弹性，里面用橡皮，外面用毛织品等制成。"足球"指足球运动使用的球，通常用牛皮做壳，橡胶做胆，比篮球小。"排球"指排球运动使用的球，用羊皮或人造革做壳，橡胶做胆，大小和足球相似。如在以下例句中，这些球类词均呈现其物质义。

（15）中国运动员在比赛时一般都使用红双喜或双鱼品牌的乒乓球。

（16）一个初出茅庐，连网球怎样都没见过的傻小子，经过三年的努力竟然成了网神。

（17）那一个个黑白相间的足球，犹如一个吸铁石，让我深深地爱上了它。

（18）一个女孩抱着一个排球站在门口，她穿着那条深蓝浅蓝格子裤，套着一件大红毛衣，笑盈盈地望着他。

乒乓球、网球、足球、排球等球类名词的事件义，是指名词指称了与该物质"球"相关联的运动事件。《现汉》（第6版：1068）对"球"类释义的第一个义项就是其事件义，表示球类运动的事件。如乒乓球：球类运动项目之一，在球台中央支着球网，双方分别在球台两端，待球在台上弹起后用球拍将球打向对方后面，有单打和双打两种。篮球：球类运动项目之一，把球投入对方的篮圈中算得分，得分多的获胜。足球：球类运动项目之一，主要用脚踢球，球场呈长方形，较大，比赛时每队上场十一人，一人守门，除守门员外，其他队员不得用手或臂触球，把球射进对方球门算得分，得分多的获胜。

关于"球"类名词语义的特殊性，史锡尧（1999：231-236）曾提出"球"这个名词以及以"球"为中心词素的合成词的词义已经动化，很值得研究。但是该文主要是对这些语言现象的罗列和描述，并未深入阐释这类名词"词义动化"的深层原因。本书认为，这类名词出现"词义动化"仅是一种表面的假象，其实质是该类名词的事件义在特定语境中被凸显而成。如：

（19）抽了两个球

（20）削了几个球

（21）打出了几个长**球**

（22）打了个漂亮的回头**球**

（23）今天我赢了三个**球**

（24）昨天他输给我五个**球**

（25）那个**球**没有救起来

（26）这个**球**配合默契

以上例句中的"球"，若都以"乒乓球"为例，（19）（20）中"抽了两个球""削了几个球"中的"球"显然不是指物质义的乒乓球，而是表示运动员对"乒乓球"采用"抽"和"削"两种不同技法击球两次或几次，其中的"球"是指"以物质义的球为基础，涉及运动技巧的一个事件"。简言之，（19）（20）中的"球"展现其事件义面。（21）（22）中"长球""回头球"中的"球"也是名词，但"长球"并不是指这个"球"很长，而是指这个"球"的运动过程或运动时间较长，"回头球"也不是指这个"球"本身能够转身回头，而是指"球"先前进又后退的运动过程，因此"长球""回头球"都是指"球"的运动过程或方式，也是"以物质义的球为基础，涉及球自身运动过程的一个事件"。故（21）（22）中的"球"也是展现其事件义面。（23）（24）中"赢了三个球""输了五个球"中的"球"，与"赢了500元"或"输了一匹马"的意义不同，"500元"和"一匹马"是实物，如果赢了就可以得到，如果输了则会失去实物，因此其中的"元（钱）"和"马"都是物质义。但是，"赢了三个球"或"输了五个球"的运动员并不会真正得到三个或失去五个乒乓球，而只是在乒乓球的比赛过程中，比对方少了三次或多了五次掉球的事件，而对于"球"的意义来说，就是某一方运动员的球掉到地上的运动事件少了三次或多了五次，因此还是"以物质义的球为基础，涉及球自身运动的一个事件"，故（23）（24）中的"球"也是展现其事件义面。（25）（26）中的"球"，前面带有指量结构，说明也都是名词，但是，"那个球没有救起来"中的"球"还是指对方特意扣杀或轻吊的球虽然经设法扑救，但是仍然落到地上或没过网的事件，换言之，球的运动过程没有按照运动员设法改变的方向发展，因此"球"的意义是指涉及运动员的运动过程；"这个球配合默契"中的"球"是指运动员之间的默契配合使得"球"按照他们设想的路线运动，因此"球"的意义是指"涉及运动员打球活动中的球的运动过程"，自然也是展示"球"的事件义面。综合以上，无论是涉及

"物质义的球"自身的运动过程（或运动事件），还是涉及"运动员活动"球的运动过程或事件，其本质都展现了"球"类词义的"以物质义为基础"的事件义。在此需要特别强调的是，"球"类名词的物质义和事件义轮转过程中，球的物质义是根本，事件义凸显时首先要以物质义为前提和基础。

（二）早餐、午饭、围棋、钢琴类名词。

早餐、午饭、围棋、钢琴类名词也一般具有物质义和事件义。物质义是指名词指称实在的、可见可摸的食物、棋子、棋盘、钢琴等实物。如"早餐"指早晨吃的餐饭，通常指粥、包子、面包、牛奶或面饼等早上吃的食物；"午饭"是指中午吃的饭，通常有米饭、馒头、荤菜、素菜和各类汤等中午吃的食物；"围棋"是指围棋游戏或比赛中使用的棋子，一般用有机玻璃或金属等制成；"钢琴"是指一种键盘类的乐器，其构成材料包括木槌、钢丝弦、绒毡和键盘等，按动键盘时因木槌敲打钢丝弦而发出声音。如以下（27）—（30）例中的"早餐""午饭""围棋""钢琴"均显示其物质义的义面。

（27）倘若不是通宵赶戏，他一定要悠闲地吃完**早餐**才愿意开工。

（28）提起学校的**午饭**，哎！……那味道简直别提了。

（29）**围棋**的棋子分黑白两种颜色，形状为圆形，正式比赛黑棋为181枚，白棋为180枚。

（30）船上，一位钢琴师解开**钢琴**的保险扣，借着醉人的月光，开始演奏华尔兹。

早餐、午饭、围棋、钢琴类名词的事件义，是指名词指称与该物质义相关联的行为或活动事件。例如，"早餐"是指在早晨进餐的日常行为事件；"午饭"是指在中午时间进餐的日常行为事件；"围棋"是指一种策略性的两人棋类游戏事件；"钢琴"与前三者略有不同，单独使用时并不凸显事件义，但是在具体语境中有时会用"钢琴"来替代"弹钢琴"的行为活动事件，因此本书也将其罗列其中。

（31）a. **早餐**以后，我们开始去巡视。

b. **早餐**的时间到了，从食堂到梁老家的路上，走来一位拎饭盒的人。

（32）a. 每当到了**午饭**时间，教室总是人声鼎沸，热闹无比；老师总会播放影片给我们看。

b. 那一天在**午饭**的餐桌上，我与母亲发生了激烈口角。

(33) a. **围棋**始终汲取和昭示着我们的民族精神和儒家性格。

b. 但随着渐渐开始学习**围棋**，看一些**围棋**入门书，我是真正喜欢上了**围棋**。

(34) a. 要想陶醉于**钢琴**，首先要有一尘不染的技术。

b. 我从3岁开始就跟着老师学**钢琴**，至今已有12年了。

以上这些例句中的"早餐""午饭""围棋""钢琴"均显示其相应的事件义义面。(31) 中的早餐指"吃早餐"的行为事件，(32) 中的"午饭"是指"吃午饭"的行为事件，(33) 中的"围棋"是指"下围棋"的活动事件，(34) 中的陶醉于"钢琴"和"学钢琴"是指陶醉于学习"弹钢琴"的这一行为活动事件。与球类名词的物质义和事件义轮转过程相同的是，这些名词类的物质义也是根本，事件义凸显时也以其物质义为前提和基础。

(三) 雨、雪、冰雹类名词。

雨、雪、冰雹类名词也一般具有物质义和事件义。物质义是指因天气变化而自然形成的物质实体。例如，"雨"是指从云层中降向地面的水；"雪"是指当气温降低到0℃以下后，空气层中的水蒸气凝结成六角形的白色结晶，顺而降落地面成为雪；"冰雹"是指从云层中降下来的圆球形或不规则形的大小不等的冰块。如例句 (35) —(37) 中的"雨""雪""冰雹"都是指其物质义。

(35) 水蒸气升到空中遇冷凝成云，云里的小水滴增大到不能浮悬在空中时，就下降成**雨**。

(36) **雪**一片一片一片一片，拼出你我的缘分。

(37) 她俯下身，像拾麦穗的女人，在地上翻捡着，企图拣一粒最粗壮饱满的**冰雹**。

雨、雪、冰雹类名词除了表示物质义外，还能表示事件义，一般称它们为事件名词（韩蕾 2010；李强、袁毓林 2016），比如：

(38) 大家心头一喜，这场**雨**整整下了两天三夜，接下来半个月肯定全是天晴。

(39) 这**雪**下得越来越紧，但愿明年地里要长出好庄稼来，咱们的光景也就会好过了。

(40) 欧阳素忽然失声痛哭起来，似乎一场**冰雹**摧毁了她的一切。

以上例句中的动量词"场"、副词"紧"、表示时间的数量词"两天三夜"都表明这里的"雨、雪、冰雹"具有活动事件的时间持续性，有别于上文中的纯粹物质义。对于这样的语言现象，史锡尧（1999）曾指出，"一场雨""一阵风"的名词短语兼有表示动作过程的意义，但是"雨"和"风"仍是表示实在事物的名词，兼有的动作过程的意义是借较为特殊的量词"场"和"阵"表现出来的。本书不同意这样的观点，认为雨、雪、冰雹类名词自身就具有物质义和事件义两个义面，而当其与"场""阵"事件量词结合时，就自动凸显其事件义这一义面。否则，如"水""冰"本身不具有事件义的义面，那么"*一场水"或"*一阵冰"的说法就不会成立。同样需要强调的是，即使雨、雪、冰雹类名词在凸显其事件义时，也是以物质义的"雨""雪""冰雹"为前提和基础的，因为下雨、下雪或下冰雹的事件总是以有物质性的"雨""雪""冰雹"为前提的①。

综合以上分析可知，有一些特殊名词可以在物质义与事件义两个义面之间轮转，但两者之间始终要以物质义为根本，事件义得到凸显是以物质义为前提和基础的。

6.3.2.3 物质义·内容义轮转

以上三类特殊名词具有物质义和事件义两个不同义面，在与不同的语言成分结合后，自动展现其特定的义面，以达到意义解读相和谐或者达成意义共振。而另有些名词则同时具有物质义和内容义，如书刊类名词"报纸""书""词典"和电子产品类名词"电视""电脑""手机""屏幕"等。其中"报纸、书、词典"的物质义，是指具体实在的物质存在（主要以纸质为主）。例如，"报纸"，是指以刊载新闻报道或时事评论为主要内容并定期发行的一种公众出版物；"书"，是指装订成册的著作；"词典"，是指为字词提供音韵、语义解释、例句、用法等的工具书。在以下的语言使用环境中，"报纸""书""词典"均表示其物质义。

（41）老师把活动要求介绍完后，我们便开始上街卖<u>报纸</u>。

（42）<u>书</u>在桌子上放着。

（43）<u>词典</u>太重太厚了，随身携带很不方便。

电视、电脑、手机、屏幕类名词的物质义是指具有某种用途的设备装

---

① 诚然，此次不考虑这些名词的隐喻性用法，如"盾牌上留下的每一道刀痕，都标志着一次<u>腥风血雨</u>的鏖战"，此时并没有物质性的"风"和"雨"。

置,也是一种可见、可摸的客观存在。根据《现汉》(第 6 版:294),"电视",是指利用无线电波或导线把实物的活动影像和声音变成电信号传送出去,在接收端把收到的信号变成影像和声音再现出来的装置;"电脑",是指一种利用电子学原理根据一系列指令来对数据进行处理的设备,可以分为两部分:软件系统和硬件系统;"手机",是指可以在较广范围内使用的便携式电话终端;"屏幕",是指供投射或显示文字、图像的装置,如在以下例(44)—(47)中,"电视""电脑""手机""屏幕"均表示其物质义。

(44) 我是台康佳牌的液晶**电视**,今年才一岁,但足足有 49 英寸。
(45) 我们家也有一台**电脑**,可是配置比较低,玩游戏时速度很慢。
(46) 94 年春天,我买了第一部**手机**——摩托罗拉"大哥大"。
(47) 他傻呆呆地盯着**屏幕**老半天,不知道想干啥。

同时,这两类名词除了物质义外,还具有内容义。所谓内容义,是指具有相关的文字、声音等信息内容。如"报纸"中的各种新闻报道或时事评论等文字或图片体现的信息就是内容;"书"中的文字或图片体现的信息也是内容;"词典"中的各种词条或义面等表述的信息也是内容;"电视""电脑""手机""屏幕"通过设备装置而传送显示的文字、声音、图像、视频等各类信息也是内容。在实际的语言使用中,这两类名词表示内容义的义面在语料中也十分普遍,例如:

(48) 今天的**报纸**很有看头。
(49) 虽然现在好看的**书**很多,但缺少专门为中学生写的。
(50) 遇到不认识的单词,随时查**词典**是一个好习惯。
(51) 三岁大的小姑娘眼睛盯着**电视**,一边还摇头摆脑,跟着跳舞。
(52) **电脑**老是遭遇别人偷窥,怎么办?
(53) 他一有空闲时间就玩**手机**。
(54) 席间大**屏幕**上介绍了每一位"我心目中的好老师"的工作经历和个人座右铭。

例(48)中"有看头"的对象必定是报纸上的内容,而不是纸质的报纸本身;例(49)中形容词"好看的"修饰的对象也是指书中的内容,而不是物质性的书;例(50)中"查阅"的对象也是词典中文字传递的内容,而不是物质性的词典;例(51)中,小姑娘真正眼睛盯着的对象是电视机里放映的节目内容,而不是电视机本身;例(52)中,遭偷窥的对象显然是电脑里储存的内容,而不是物质性的电脑硬件;例(53)中,"玩"

的动作对象并不是金属外壳的手机本身，而是手机中的游戏或别的有趣的内容；例（54）中，物质性的屏幕本身无法介绍任何东西，显然，此处"屏幕"也是指屏幕所放映的内容。

综上所述，以上这些名词在具体语境中，有时呈现物质义，有时呈现内容义。在不同语境中，名词受到词义共振机制的统辖，为达到与周边语言成分语义和意义上的和谐，它们会自动旋转呈现适合的义面。上文提出，物质义和事件义之间轮转时，事件义要以物质义为基础和前提。同理，书刊类和电子产品类名词的物质义和内容义之间轮转也是以物质义为基础，内容义是在有物质义的前提下的内容义面的显现。换言之，要看到报纸上的内容显然首先要有物质义的"报纸"存在，要看到电视机里放映的节目内容，也首先要有作为物质义的"电视机"存在为前提。

6.3.2.4 事件义·内容义轮转

莱昂斯（Lyons 1977：438-466）曾提出，作为语法结构层面的名词预设着语义本体范畴的实体的存在，而对实体从具体到抽象可以区分成三个顺序等级。第一级包括人、动物、物体等物质实体，这类实体具有可感知的、可观察的、相对恒常的存在等属性；第二级包括事件、过程、状态等非物质实体，这类实体与一定的时空相连，在时间中发生但不在空间中存在；第三级包括信念、推测、判断等命题性的抽象实体，这类实体处于时间和空间之外。可见，莱昂斯（Lyons 1977）对于名词的理解，所涉范围非常宽广，不仅包括了客观存在、可观察的物质实体，而且也涉及了与时空相关联的活动事件，甚至还广涉更为抽象的判断命题。上文论述的物性角色、物质义·事件义和物质义·内容义轮转中的名词基本都以物质名词为主，也就是莱昂斯（Lyons 1977）分类中的第一级实体。第三级实体相对过于抽象，本书暂时不予考虑。而对于第二级实体，也就是与时空相关联的活动事件，其中的部分名词则具有事件义·内容义轮转的特征，如"演讲、研究、报道、调查"等，一面作为动词性名词表示动作的事件义，另一面则表示动作活动的内容义。例如：

(55) a. 因为这次**演讲**是临时安排，不在学校计划之内，她无法说服财务科给他支付报酬。

b. 他在这次关于中国古典文学的**演讲**里，曲折地对国民党反动派进行了揭露和讽刺。

(56) a. 经过一个月的**研究**、观察和推论，我才去找它，并且在冒出点以下五十公尺的山坡找着了它。

b. 既然在这里"风俗**研究**"已与"哲理**研究**"结合，那么这些人物形象就不仅是典型化了的个人，而且还是个性化了的典型。

（57）a. 他作了那样的分析，在你美国之行以后，从一次**报道**直到自杀之前，完全说明了你的奇特行为。

b. 我读着四十年前关于订婚不久的美丽中学生的**报道**——她在事故发生前一晚跟死里逃生的人说什么话。

（58）a. 又听说她在写一本关于中国农村的书，她曾在我国北方农村做过几次**调查**。

b. 换言之，这份**调查**完全是向所有的广岛医师会会员进行赤裸裸的逼问，逼问他们在原子弹爆炸时，是否履行了作为医生的职责。

以上例句，（55a）（56a）中"演讲""研究"分别与量词"次""一个月"、动词"安排""经过"搭配，表示"演讲""研究"的动作事件义；（55b）（56b）中"演讲""研究"与"关于中国古典文学的""风俗、哲理"搭配，则表示"演讲""研究"的具体内容。同理，（57a）（58a）中的"报道""调查"与量词"一次""几次"、动词"从……直到""做过"等搭配，表示"报道""调查"的动作事件义，（57b）（58b）中的"报道""调查"分别与"关于订婚不久的美丽中学生的"和量词"份"等搭配，则表示"报道""调查"的具体内容义。理论上，这些名词相对比较抽象，除事件义外，主要指称无形的内容。但实际上，它们的抽象程度也略有不同，如"报道""调查"在凸显内容义的同时，我们可以感觉到它们也可以具有物质义，即物质性的报道和调查稿件（通常指纸质版），如"我明天请人把这份**报道**送过来"中，那么"报道"就是指物质性的报道稿件纸，"昨天那份**调查**我放在桌子上了"，那么"调查"就是指物质性的纸质调查表。但是，"演讲"和"研究"一般都是指动作行为的内容，而如果要表示物质性义面，一般都采用"演讲稿""研究成果"等其他表达方式。这些名词的事件义面和内容义面之间基本处于相互依赖，并不以其中哪一个义面为基础或前提。

6.3.2.5 具体义面轮转

诚然，如果不将名词语义进行大类划分，也可以根据特定名词进行较为具体的义面区分。如普斯特耶夫斯基（Pustejovsky 1995：31）曾经指出英语中常见的具有多个义面的关联的名词，主要有以下几类：（1）可数和不可数义面轮转，如 chick、lamb 的可数义面指个体的动物，不可数义面指作为食物的肉类；（2）容器和容器内装物义面轮转，如 glass、bottle 的容器义面表示器具本身，容器内物体义面表示器具中的所装物体；（3）图形和背景义面轮转，如 window、door，在"The *window* is broken."中指图形，在"Mary crawled through the *window*."中指背景；（4）产品和生产者义面轮转，如报纸、newspaper，在"The *newspaper* fired its editor."中指报纸的生产商，即报社，在"John spilled coffee on the *newspaper*."中指报纸本身；（5）植物和食物义面轮转，如 apple、banana 的植物义面指苹果树或香蕉树，其食物义面指可以吃的苹果和香蕉；（6）过程和结果义面轮转，如 merger，在"The company's *merger* with Honda will begin next fall"中是过程，在"The *merger* will produce the cars."中是结果；（7）地方和人义面轮转，如 New York 是一个城市，同时也跟人有关系，在"*New York* kicked the mayor out of the office"中指的是纽约市的人。

除了以上这些常见的具体义面的轮转之外，其实正如物性角色中的构成角色包括物体构成的材料、质量、重量、各组成部分等，形式角色包括方向、尺度、形状、维度、颜色和位置等，所有这些方面都可以成为某一特定名词的具体义面，即构成材料义面、质量义面、重量义面、组成部分义面、方向义面、尺度义面、形状义面、维度义面、颜色义面、位置义面等，自然也包括施成角色中的创造者义面及功用义面等。而以上这些义面的轮转会受到名词所指称事物的抽象性和稳定性程度的差异影响。概言之，指称有形的物质性物体的具体名词具有更显著的轮转特征，而指称无形的非物质性事件的抽象名词的义面轮转相对不显著。

6.4 本章小结

本章基于词语之间互为语境的视角，探究名词的意义构建特征。首先，句子中的名词、动词和形容词及其他语言成分之间是互为语境、呈现彼此的互动关系，而推动这种互动关系的重要机制和动力是词义共振原理。在词义共振原理的前提下，名词词义构建具有自转型特征，而所谓自转则包含两层意思：一是名词具有概念的独立性和语义的自足性，犹如一个相对稳定有形的天体；二是语境中的名词通过自我旋转而凸显自己特定的义面以达到与其他语言成分的语义相和谐。在特定义面的指示和导引下，经过相应词汇概念层面的心理情境模拟，便得到适合于实际语境的意义解读和构建，虽然这种意义的构建具有语境变化性，但这种变化犹如一个相对独立的天体在银河系中做自转运动。因此，本书提出，语境中名词的意义构建具有自转型特征。最后，本章细致分析了名词可能具有的主要义面的轮转，包括四种物性角色的轮转、物质义·事件义·内容义之间的轮转及特定名词不同具体义面的轮转，其中物质义是其他义面凸显的基础和前提，而相对有形的物质性名词的具体义面轮转比相对无形的抽象性名词的具体义面轮转更为显著。

第7章
动词和形容词词义构建特征——公转型

第6章已经阐述名词凸显的是实体，在概念上具有独立性，语义具有自足性，受词义共振机制的推动，名词通过自身义面轮转的方式彰显语义，导引进入概念层面并进行适于语境的意义构建，因此，其意义构建主要表现为自转型。而动词、形容词凸显的是实体间的相互关系，概念上对实体具有依赖性，语义不自足，受词义共振机制的推动，语境中的动词和形容词的意义构建呈现出不同程度的公转型。

7.1 公转型意义构建

根据《现汉》（第6版：453），公转，是指一个天体绕着另一个天体的转动。例如，太阳系中的卫星绕着行星的转动，行星绕着太阳的转动，都是公转。本书中所谓动词和形容词的公转型意义构建，主要有两层意思：一是动词和形容词在语义上具有依赖性，主要依赖于名词语义；二是动词和形容词在实际使用中，与名词等其他语言成分互为语境，而受词义共振机制的推动，动词和形容词语义往往围绕名词进行自我调整，以适应名词语义或达到与名词语义相匹配，这种围绕名词不断调整自己的转动犹如卫星围绕行星或行星围绕太阳的公转运动。诚然，这种公转仅是与名词的意义构建自转型之间的差异相对而言的，并非真正意义上天体的永恒公转运动。

7.1.1 语义依赖

所谓语义依赖，主要是指动词和形容词自身语义通常具有定义缺省或标示不足，需要依赖名词对其进行渗透和充实，使其语义明晰化（Jezek 2016：56）。动词和形容词语义的依赖性，主要是因为它体现的是实体在时间过程和属性特征层面上的相互关系，而对实体间相互关系进行概念化的前提，是对相关实体首先进行概念化。由此，动词和形容词本质上具有概念依存性，依存于名词所指称的实体，其语义不自足，依赖于名词。

在阐述名词语义具有自足性的同时，学者们常常以动词语义具有依赖性进行对比。如墨菲（Murphy 2010：148）指出，名词语义表征时，不必涉及其他事物的细节，而动词语义表征时，必须联想到与这个动作相关的人或物。董绍克等（2013：122）也提出，名词并不总是依赖动词，但是动词对名词的依赖却是普遍的绝对依赖。以 run 为例。

(1) The boy *runs*. /The cat *runs*.

(2) The water *runs*. /The tap *runs*.

(3) The computer *runs*. /The business *runs*.

(4) The vine *runs* over the wall. /The line *runs* bruptly up on this graph.

(5) This company *runs* badly. /The hotel has *run* for many years.

上面五组例句中，从句法结构来看，run 均为不及物动词作谓语，而从语义结构来看，显然 run 不仅仅表示"跑"这一基本的词典释义，而是表现出语境的多变性，而这些多变的语境意义构建主要仰仗于句子中充当主语的名词来充实和确定。例（1）中，主语名词的所指为"人"和"动物"，run 的语义表示 to move on one's legs at a speed faster than walking，即"跑"；例（2）中，主语名词的所指为"不定形的流动的液体或与此相关的物体"，run 的语义表示 to flow，即"流动"；例（3）中，主语名词的所指为"复杂的机械设备或业务"，run 的语义表示 to work or be in movement，即"运转"；例（4）中，主语名词的所指为"自然或人工的能够延伸的物体"，run 的语义表示 to extend，即"延伸"；例（5）中，主语名词的所指为"公司或酒店等营业机构"，run 的语义表示 to manage or to be in charge of，即"运营或管理"。可见，由于主语名词语义的渗透和补充才使得动词 run 的语境意义得到充实，进而变得清晰明朗。

动词是名词所指称或标指的实体一时的行动或现象，动词的语义具有对名词的依赖性。同样的，形容词是名词所指称或标指的实体所固有的特征和属性，形容词的语义也同样具有对名词的依赖性。米勒和约翰逊-莱尔德（Miller and Johnson-Laird）早在1962年就明确指出："形名组合中，名词信息应给予优先考察，形容词信息则在名词信息所允许的范围内进行评估。"帕拉迪斯（Paradis 2001）也认为，形容词语义本质上趋于模糊性和歧义性，标示不足，在具体语境中的多样解读主要受制于与其结合的不同名词的语义。简言之，形容词的语义需要名词在场才能得到完整的解释（full-fledged interpretation）。以 pretty 为例。

（6） a *pretty* flower/a *pretty* girl

（7） a *pretty* boy/a *pretty* man

（8） a *pretty* piece of music/a *pretty* song

（9） a *pretty* example/a *pretty* sample

（10） a *pretty* hypocrite

上面五组短语组合搭配中，pretty 的意义显然不仅仅指"漂亮的，好看的"这一基本的词典释义，而是表现出多义性，同样需要其修饰的名词语义对其进行充实和限定。例（6）中，被修饰名词的所指为"花"或"女性"，pretty 的语义表示 lovely，beautiful，即"可爱的，美丽的"；例（7）中，被修饰名词的所指为"男孩"或"男性"，pretty 的语义表示 charming but rather girlish or womanish，即"好看但有点女性化"；例（8）中，被修饰名词的所指为"音乐"或"歌曲"，pretty 的语义表示 fair-sounding，即"好听的"；例（9）中，被修饰名词的所指为"例子"，pretty 的语义表示 proper，即"恰切的"；例（10）中，被修饰名词的所指为"伪君子"，pretty 的语义则表示 tricky，即"狡猾的"。显然，pretty 的语义从视觉感"美丽的"，到听觉感"动听的"，再到心理感知层面"狡猾的"之间的转换，主要依赖于所修饰名词语义的渗透和充盈。

概言之，动词和形容词的语义分别具有定义缺省性和标示不足性。正因为自身语义的不自足而表现出对名词的依赖性，这种依赖性也具有认知心理基础，这一点在上一章谈论名词语义具有自足性的时候已经提到过。基于语境的名词词汇意义的构建过程主要是基于情境模拟的心理过程，而某个特定的情境必然要倚重于客观世界中的某个或某些客体，即物体，这些物体反映在语言中主要就是名词。同样的，基于语境的动词、形容词词汇意义的构建过程主要也是基于情境模拟的心理过程，而某个特定的情境必然也要倚重客观世界中的某个或某些客体，即物体，也就是名词。只有动作或性质属性概念，而没有跟它们相关的事物，这是不可想象的，动作和属性特征必然是事物的动作和属性特征。甚至，即使上文例（1）中的两个 run 的意义均因为主语为"人"和"动物"确定为"跑",在概念结构层面上,两者的意义构建过程又全然迥异,"人"往往通过双脚和手臂的和谐摆动而促使快速向前移动,而"猫"则往往利用四脚向前快速移动。此外,人跑步时经常会不自觉地发出响亮的脚步声,而猫因为其脚掌有肉垫,跑步时几乎没有任何声音,这也是猫能抓老鼠的特有功能。显然,"跑"的语义在意义构建时也表示出对主体名词"人"和"猫"的依赖性。同样,例(6)中的形容词 pretty 的语义都解释为"好看的,美丽的",但在概念结构层面上,两者的意义构建过程也是迥然不同,"花"的好看主要是指其颜色、花形、香味等具有悦人眼目的特征,而"女孩"的好看主要是指其脸型、皮肤、五官、身材、服饰、举止等具有赏心悦目的特征。显然,"好看的"语义在意义构建时也表现出对修饰名词"花"和"女孩"的依赖性。总言之,动词和形容词的语义及其在语境中的意义构建都必然要倚重于名词,需要名词对其进行限定和丰盈。

7.1.2 语义调整

所谓语义调整,是指动词和形容词会通过改变自身最基本原始语义的方式,以适应与周边语言成分(尤其是名词)语义相匹配。名词语义具有独立和自足性,在与动词和形容词搭配中,语义呈现自身特定义面的轮转;而动词和形容词的语义具有名词依赖性,在与名词搭配中,语义则将围绕名词进行自我调整。

形名组合中,形容词是对名词的属性特征进行修饰或限定,因此,形容词会围绕名词进行自我语义调整,这一观点已经深入人心,本书在此不再赘述。然而,名动组合中,关于动词围绕名词进行自我语义调整的观点,与生成词库理论中的语义组合机制的观点正相反。普斯特耶夫斯基(Pustejovsky 1995)、李强(2016)、宋作艳(2013)等认为,名动组合中,为与动词语义达成和谐,名词自身会进行语义类型转变(type shift)或语义调整。如:

(11) John enjoyed the **book**.

(12) Mary read the **rumor**.

他们认为,例(11)中的谓语动词 enjoyed,在语义上本要求携带动作性成分,但语言表层实际出现的却是事物性成分,谓语动词与宾语名词之间在句法和语义上都存在不匹配(mismatch)现象,但是这样的句子仍然是合法的常见句。这是因为,我们在对句子进行解读时,名词在语义上发生类型转变，缺省动词 reading 会被自动还原出来，而该动词可以从名词的功用角色（read）上得到预测。换言之，enjoyed 强迫 the book 由事物类转换为事件类 reading the book。句（12）中也出现不匹配现象，谓语动词 read 要求宾语名词是表示承载信息内容的物质实体，但 rumor 只表示内容义，并不具有物质义，但是这个句子也是合法的常见句。这是因为，我们在对句子进行解读时，将宾语名词进行了语义调整。换言之，谓语动词 read 为宾语名词 rumor 引入物质义，使它的语义发生调整，不仅可以表示内容，也可以表示物质。本书认为，以上学者们的分析在句法形式层面也许具有一定的解释力，但是，从词语语义层面来说，存在自相矛盾的嫌疑。根据生成词库理论中的名词物性角色描写框架，名词的施成角色或功用角色等本就属于名词自身词义结构体系，并不存在语义类型转变或语义调整一说。相反，这是名词在与不同的动词结合时，受制于词义共振机制的统辖和推动，名词会展现出自己特定的义面与动词语义匹配，名词的这种呈现方式是属于自转型。而动词语义本身不自足，具有对名词的依赖性，具体语境中的动词会围绕名词进行语义调整，以达到与特定名词语义相和谐。换言之，本书认为，例（11）（12）中，不是 book 的语义类型转换为 reading the book，rumor 的语义调整为 some material of rumor，而是谓语动词 enjoy 与 book 组合时，它的意义构建调整为 enjoy reading（the book），若 enjoy 与 coffee 组合时，它的意义构建调整为 enjoy drinking（the coffee），若 enjoy 与 movie 组合时，它的意义构建又会调整为 enjoy watching（the movie）等。同样，read 与 rumor 组合时，read 的意义构建调整为"获取信息"之意，若 read 与 English 组合时，它的意义构建调整为"看文字，读出声音"之意，若 read 与 newspaper 组合时，其意义构建就会调整为"看文字，获取信息，但并不一定发出声音"之意，若 read 与 one's inner world 组合时，其意义构建又会自动调整为"观察、思考，并做出判断"等。动词的意义构建变化的主旨是围绕名词所指称实体的百科知识以及相应情境而进行自我调整，以达到与名词语义相和谐或匹配。

概言之，具体语境中，名词与动词和形容词的语义都会有所变化，但是名词无论如何变，基本还是其自身语义的一部分或一个特定义面，而动词和形容词会因为与其搭配的名词的千差万别而使得各语义之间相差甚远。诚然，并不是所有动词和形容词在具体语境中都具有相同程度的语义调整，动词和形容词词类内部各成员之间本身内涵的语义也并非均质，因此，它们在具体语境中的自我调整也会有显著性差异。

7.2 动词公转型意义构建

One man's terrorist is another man's freedom fighter.（你眼中的恐怖分子是他人眼中的自由战士。）汉克斯（Hanks 2013：283）用形象的谚语来比喻词语意义在具体语境中的多变性。词语处于语言与世界知识的交界面，而词语与词语之间又相互交织，因此，无论何种语言，其词语的意义必定是一个丰富多变的复杂体。汉克斯（Hanks 2013：283）将这个复杂体称之为词汇格式塔（lexical gestalt），或词汇语义格式塔，并且指出不同词语具有不同复杂性程度的格式塔，如名词 rhododendron，一般仅用于指称一种特定的植物"杜鹃花"，动词 sentence，也往往仅表示"宣判，判决"这一种语义，所带的主语和宾语一般都仅指"人"，而且也仅能带一个表示"惩罚"的副词论元（adverbial argument），如 a judge sentences a convicted criminal to a punishment（一个法官对认罪的犯人做出处罚判决）。显然，这两个词例阐释了格式塔复杂性最小的词义特征。而动词 bite（咬）、chew（咀嚼）词例则阐释了格式塔复杂性程度中等的词义特征。bite 既具有基本语义"动物或人用牙齿咬别的动物或物体"，又可用于许多习惯用法中，如 in the south the job losses are starting to bite，其中的 bite 是指 to begin to have an unpleasant effect，即"开始产生不良后果"；bite somebody's head off 则是指 to answer somebody in a very angry way，即"怒气冲冲地回答"；bite one's words back 则是指 to control, prevent from being expressed，即"制止或控制不表达出来"；bite the hand that feeds one 则是指 to harm someone who has been good to one，即"忘恩负义"等。最后，动词 take（带着）、throw（扔）这两个词例则阐释了格式塔复杂性程度最高的词义特征。尤其关于 throw，汉克斯（Hanks 2013：297）利用 BNC 语料库资源展示了其复杂的格式塔结构和丰富的变异用法，在此稍列举如下：

(13) People ***throw*** tomatoes and eggs at politicians to express contempt for them.

(14) Ball players ***throw*** balls to each other.

(15) You can ***throw*** your hands or arms in the air.

(16) You can ***throw*** your hat in the air.

(17) You may ***throw*** an angry look at somebody.
(18) Committed people ***throw*** themselves into an activity.
(19) A person may be ***thrown*** out of a place where he or she isn't wanted.
(20) ***Throw*** out the baby with the bathwater.

例（13）中 throw tomatoes and eggs at，表示"向（某人或物）扔西红柿和鸡蛋"，具有强调伤害对方的目的；例（14）中 throw balls to，表示"把球扔给（某人）"，强调双方是一种合作行为；例（15）中 throw your hands or arms in the air，表示"空中甩手"，此时手或手臂仍然与你的身体相连；例（16）中 throw your hat in the air，表示"帽子离开头部，被抛向空中"；例（17）中，throw an angry look at somebody，表示"狠狠地瞪了某人一眼"，但并没有实质性的物体被扔出去；例（18）中，throw themselves into an activity，表示"让自己完全投身于某活动中"，甚至并没有"扔"这一具体的行为动作；例（19）中，a person be thrown out of a place，这是一种惯常用法，表示"某人被抛弃"，这种抛弃与抛弃具体物体不一样，可以表示在精神或情感方面的孤立或不予理睬；而例（20）中，throw out the baby with the bathwater 是一个谚语，是指"把婴儿连同洗澡水一起倒掉"，表示"良莠不分，一起抛弃"，这是一种隐喻用法。

可见，汉克斯（Hanks 2013：283-302）描绘了详尽宏大的、不同复杂层级的词汇语义格式塔概览图。同时，他将动词进行语义层级的区分，并以此为基础进行意义复杂性问题的阐释，给予本研究很大启发。但遗憾的是，汉克斯（Hanks 2013）最终未能明晰地阐释这些动词复杂性格式塔背后的本质缘由。换言之，为何不同的动词会显示出不同复杂性层级的语义格式塔？其中又具有怎样的规律性特征？这些问题仍需继续深入探究。本书提出，不同动词显示出不同复杂性层级的语义格式塔，其主要原因在于每个动词内部自身蕴含的语义成分并非同质或均质，其中涉及动词自身的语义密度（semantic density）问题。

7.2.1 动词语义密度

所谓动词语义密度，是指动词内部自身所蕴含的语义凝练浓缩的程度。语义密度的概念，来自澳大利亚悉尼大学社会学家马腾（Maton 2013，2014，2015），他在探索累积型知识构建的关键特点时，在语义性这个维度上提出了语义密度和语义引力（semantic gravity）的观点。他认为，语义密度，是指词语内部自身具有的语义的浓缩程度；而语义引力，是指词语语义对于语境的依赖性程度（朱永生 2015）。密度和引力通常成反比关系，密度比较强的语言成分其引力通常比较弱，密度比较弱的语言成分其引力则通常比较强。简言之，语义密度和语义引力之间呈现此消彼长的关系。马特里奥等（Matruglio et al. 2013）利用语义密度和语义引力的概念阐释了学生学习新知识的过程。如学生教材或课程讲义中有些专业用语或术语的语义浓缩程度比较高，即高密度的语言材料；这些语言材料所传递的知识通常仅基于某些抽象的原则或普遍现象，并不依赖于某个或某些具体的场境，即语义引力较弱。具有较高语义密度和较弱语义引力的语言材料，对于学生来说通常就是学习的知识难点。面对这种情况，教师们可以采用简单易懂的日常语言来解释这些专业用语或术语以降低其语义密度，并采用生动形象的具体事例或场景来增强语义引力，这种教学过程可以帮助学生更快更好地理解学习内容，掌握知识。一旦学生理解并掌握这些知识之后，又会逐步让这些知识及其语境抽象化，也就是使这些语言材料的语义密度增强，语义引力减弱，这就是通常所说的新知识学习的过程。

从马特里奥等（Matruglio et al. 2013）的例子来看，似乎语义密度是一个偏主观性的概念术语，因为即使面对同一个专业用语，如电学中的"电势能"，具有较强电学专业知识背景的人会感觉其语义密度很低，而对于外行人来说，其语义密度也许就很高。相应的，语言引力也具有主观性和个性化特征。本书在此引入语义密度这一概念时，更多的是侧重于其客观性的一面。本书认为，语义密度可以用相对客观存在的语义成分的多寡来表示。动词自身蕴含的语义成分越多，该词的语义密度就越高；反之，动词自身蕴含的语义成分越少，该词的语义密度就越低。一般说来，语义密度越高的动词，其语义自足性越强，对名词的依赖性就越弱，其语义及语境意义构建的调整幅度就越小，公转型就越不显著；反之，语义密度越低的动词，其语义自足性弱，对名词的依赖性就越强，其语义及语境意义构建的调整幅度就越大，公转型就越显著。

但是，动词语义密度高低该依据怎样的参数指标呢？即不同的动词自身内部究竟蕴含怎样不同的语义成分？因为动词家族在英汉语言中异常庞大，其种类繁多，本研究在此主要聚焦于表示动作行为类的动词，以此观察动词庞大家族的语境意义构建特征。符淮青（2006：66-73）曾经对表示动作行为的动词中内涵的语义成分性质进行过细致的辨析描写，主要有六大类：

（一）$^{d_1}D_1$ 型。此类动词词义包含一个动作行为及对它的各种限制。如"捏"指"用拇指和别的手指夹"，其中"夹"表示动作行为 D_1，"用拇指和别的手指"是对身体部位的限制 d_1。又如，"攀"表示"抓住东西向上爬"，其中"爬"表示动作行为 D_1，"抓住东西"为工具限制 d_1，"向上"为空间限制 d_2。

（二）$^{d_1}D_1 + {}^eE$ 型。此类动词词义包含一个动作行为和它的关系对象或关系事项，以及可能有的对动作行为和关心对象、关系事项的各种限制。如"拔"指"把固定或隐藏在其他物体里的东西往外拉"，其中"拉"表示动作行为 D_1，"东西"表示可以触摸的物体 E，称为 D_1 的关系对象，并且 E 有 e 位置的限制，"往外"表示动作 D_1 有 d_1 方向的限制，此处"把"一般引入关系对象，它把 d_1 提到 D_1 的前面。又如，"取巧"指"用巧妙手段谋取不正当的利益或躲避困难"，同样的，"谋取、躲避"表示动作行为 D_1，"利益、困难"表示不可触摸的事物 E，称为 D_1 的关系事项，"用巧妙手段"为方法限制 d_1。

（三）$^bB + {}^{d_1}D_1 + ({}^eE)$ 型。此类动词词义包含一个动作行为和特定的施动者，以及可能含有的对动作行为和施动者的各种限制。如"泊"指"船靠岸"，其中"靠"表示动作行为 D_1，"船"表示施动者 B，"岸"为 D_1 的关系事项 E。又如，"坠"指"（沉重的东西）往下垂"，其中"垂"表示动作行为 D_1，"（沉重的东西）"表示施动者 B，"往下"为方向限制 d_1。

（四）$(^bB) + {}^{d_1}D_1 + ({}^eE) + {}^{d_2}D_2 + \cdots\cdots$ 型。此类动词义包含多个动作行为，以及可能有的对各个动作的各种限制。"……"表示可能有 D_3、D_4 等。如"撑"指"用竿抵住河床使船前进"，其中"抵住""前进"分别为动作行为 D_1、D_2，"用竿"为方法限制 d_1，"河床""船"为关系对象 E。又如"刮"指"用刀等贴着物体的表面移动，把物体表面上的某些东西去掉或取下来"，其中"贴着""移动""去掉、取下来"分别为动作行为 D_1、D_2、D_3，"用刀等"为工具限制 d_1，"物体的表面"为位置限制 ^eE，"物体表面上的某些东西"为关系对象 E。

（五）$A + ({}^bB) + {}^{d_1}D_1 + ({}^{d_2}D_2) + \cdots\cdots + ({}^eE)$ 型。此类动词词义包含某个动作行为和动作行为产生的条件原因，以及可能有的对动作行为的限制，其他内容或有或无。如"筛糠"指"因惊吓或受冻而身体发抖"，其中"发抖"表示动作行为 D_1，"身体"是施动者 B，"因惊吓或受冻"为产生的条件原因 A。又如"拉拢"指"为了对自己有利，用手段使别人靠拢到自己方面来"，其中"靠拢"表示动作行为 D_1，"为了对自己有利"为产生的条件原因 A，"用手段"为方法限制 d_1，"别人""自己方面"为关系对象 E。

（六）$(^bB) + {}^{d_1}D_1 + (^{d_2}D_2) + \cdots\cdots + (^eE) + F$ 型。此类动词词义包含某个动作行为和动作行为的目的结果，以及可能有的对动作行为的限制，其他内容或有或无。如"摇头"指"把头左右摇动，表示否定、不以为然或阻止"，其中"摇动"表示动作行为 D_1，"头"为关系对象 E，"左右"为空间限制 d_1，"表示否定、不以为然或阻止"为行为结果 F。又如"挂彩"指"悬挂彩绸，表示祝贺"，其中"悬挂"为动作行为 D_1，"彩绸"为关系对象 E，"表示祝贺"为行为目的 F。

符淮青（2006）对以上类别的动词的语义成分分析比较清晰全面，由此我们可清楚地看到，不同类别的动词其自身蕴涵的语义成分各不相同，主要包括特定的动作行为及其施动者、关系对象、关系事项及可能有的其他限制成分。本书主要侧重探讨动词与其所搭配名词的语义互动关系，而名词成分在句子中主要承担行为动作的施动者、关系对象和关系事项。据此，综合而言，本研究将把动词中的四种语义成分，即表示具体动作行为的语义成分及表示施动者、关系对象、关系事项的名词性语义成分，作为动词语义密度的主要参数指标。换言之，以动词释义模式中含有表示动作行为语义成分及名词性语义成分的多寡和有无为视角，将动作行为类动词分为四个层级：高密度动词、较高密度动词、中密度动词、低密度动词，并在此基础上一一阐述不同层级动词的相异的意义构建公转型特征。

7.2.2 高密度动词

高密度动词，是指语义中既含有施动者，又含有关系对象或关系事项的表示特定动作行为的动词。如"退伍"，其施动者是"军人"，关系对象是"军队"，表示"军人服满现役或由于其他原因退出军队"。又如"谢幕"，其施动者是"演员"，关系对象是"观众"，具体动作行为表示"演员站在台上向观众弯腰敬礼，答谢观众的盛意，或者是拉下台上的布帘子等"，关系事项是"在演出闭幕后观众鼓掌"等。

（21）演出结束后，全体演员走到台前**谢幕**。

（22）莎翁对笔下的众生，只让其上台亮相，**谢幕**下场，任其喜怒哀乐，生死浮沉，却不做道德评判。

（23）阳光就这样飞舞着，满世界都是，一切都是暖暖的，一切都在慢慢地变着，很多的故事在上演，也有很多在**谢幕**。

以上例句中，"谢幕"的施动者是"全体演员""众生"或"故事中的主人公"，关系事项是"走到台前""上台亮相，下场"或是"想象中的生活舞台"，隐含的关系对象都是台下的观众或想象中的人生观众，在这三个句子语境中，"谢幕"的语义基本相同。又如 exasperate，该动词的施动者可以指任何事物，如人、事件、事情的状态、思想或者实在物体，关系对象主要限于或偏爱于表示"人"的语义名词，该动作行为则表示"使（某人）恼怒"。例如：

（24）Despite our not very profound friendship—and his many eccentricities that would usually ***exasperate*** me.

（25）What had seemed attractive to her about her husband fifteen years ago began to ***exasperate*** her to such a degree.

（26）Even though George Bangs has managed to infuriate and ***exasperate*** me for thirty years and has never been much of a detective.

以上例句中，虽然动作的施动者不同，从"怪异性格（his many eccentricities）"、"吸引她的地方（what had seemed attractive to her about her husband）"到"具体某个人（George Bangs）"，但是，其关系对象却始终是"人（me，her）"，各个句子中 exasperate 的语义也基本相同。

一般情况下，高密度动词在具体语境中的语义基本是单一的（monosemous），这是因为其语义中已经含有自身动作的施动者和关系对象或关系事项，语义的独立性和自足性相对比较强，致使它对名词的依赖性比较弱，因此，其语义围绕名词公转型特征并不明显。尽管如此，在具体语境中，因为"谢幕"的施动者不同，"谢幕"场景、时间等差异，"谢幕"词语的意义构建自然也会有所不同。同样的，exasperate 也会因施动者不同，恼怒程度或方式也会因人、因时、因地而异，致使不同语境中 exasperate 的词义构建有所不同。总言之，高密度动词虽然语义变化相对单调，但是，其语境中意义构建的公转型依然存在，只是这种公转型特征的显著性不如密度相对较低的动词的公转型特征。

7.2.3 较高密度动词

较高密度动词，是指语义中或含有施动者，或含有关系对象，或含有关系事项的表示特定动作行为的动词。较高密度动词又可以细分为施动者动词、关系对象动词和关系事项动词三类。

施动者动词,是指语义中含有特定施动者的表示动作行为的动词,如"停泊"表示动作行为"停靠,停留",其语义中含有施动者"船只""汽车"等交通工具。又如"凝视"表示动作行为"聚精会神地看",其中含有施动者"眼睛"。其实表示各种不同形式的"看"类动词,如"瞋视""扫视""俯瞰""瞥见""仰望""傲视""怒视""侧目"等,它们的语义中都含有"眼睛"这一施动者。同理,英语单词中表示各种动作 look 的动词,如 squint 表示 to look at sth with your eyes almost closed(眯着眼看),gaze 表示 to look steadily for a long time(注视),glance 表示 to look quickly at sth(扫视),glare 表示 to look at sb in a very angry way(怒目而视)等,其语义中均含有施动者 eyes(眼睛)。这些施动者动词因为其语义中含有该动作行为的施动者,因此,其语义具有相对的自足性和独立性,对于语境中名词的依赖性相对不高,自然,语义围绕名词公转型特征也不显著。

关系对象动词,是指语义中含有该动作行为的特定关系对象的动词,如"拔"表示"把固定或隐藏在其他物体里的东西往外拉,抽出",那么,其关系对象就是"固定或隐藏在某物体里的东西"。又如"吃(eat)""喝(drink)","吃(eat)"的词义中往往包含有"固体食品的摄入",而"喝(drink)"则包含有"液体食物的摄入"。显然,"固体食物"和"液体食物"作为这两个动词的关系对象而被隐含在动词语义之中。又如《说文解字》中的"沐,濯发也;浴,洒身也;沫,洒面也;澡,洒手也;洗,洒足也"(许慎 2007:566),从中亦可观之,古汉语中的这些动词其语义中都蕴含有特定的表示该动作行为的关系对象,因此,对此类动词的释义可以借助该动作的关系对象的差异来加以甄别。如,"沐"的关系对象是"头发","浴"关系对象是"身体",而"沫"的关系对象是"脸","澡"的关系对象是"手","洗"的关系对象是"脚"。显然,这些动词在古汉语中的关系对象非常明确,然而,在现代汉语中它们的关系对象已经变得更加笼统或模糊,如现代汉语中所谓"沐浴"的关系对象主要是指"身体",而"头发"并不具有强制性;"洗"的关系对象则更加宽泛模糊,几乎可以指任何具体事物,如"洗脸""洗碗""洗衣服""洗牙"等。总言之,关系对象动词,因为语义中含有该动作行为的关系对象,类似于施动者动词,语义也具有相对的自足性和独立性,对于语境中名词的依赖性相对不高，语义围绕名词公转型特征也不是很显著。

关系事项动词，是指语义中含有与该动作行为相关的特定事项的动词，如"还席"指"回请对方吃饭"，而与之相关的关系事项是"被人请客吃饭后"。"还愿"指"实践对神许下的诺言"，而与之相关的关系事项是"求神保佑并曾经许下过诺言"。英语中如动词 embed 表示 to fix (something) firmly and deeply in a mass of surrounding matter（牢牢插入，嵌于），而其中的 in a mass of surrounding matter（于大量的周围物体中）就是与该动作行为相关的关系事项。accuse 表示 to charge (someone) with doing wrong or breaking the law（控告），而与之相关的关系事项是"与法律相关"。古代汉语如《尔雅》中"堂上谓之行，堂下谓之步，门外谓之趋，中庭谓之走，大路谓之奔""金谓之镂，木谓之刻，骨谓之切，象谓之磋，玉谓之琢，石谓之磨"（胡奇光、方环海 2009：224），这些动词的语义中都蕴含着特定的表示该动作行为的关系事项，对这类动词的释义也是通过借助其动作的关系事项的差异加以甄别。因此，关系事项动词，类似于施动者动词和关系对象动词，其语义也具有相对的自足性和独立性，对于名词的依赖性相对不高，语义围绕名词公转型特征不显著。

尽管如此，相比于高密度动词，这一类动词因为除具有具体的动作行为以外，仅含有施动者或关系对象或关系事项，其语义自足性相对不足，其不足部分往往会在语境中依靠名词或其他语言成分的信息进行一定程度的充实，从而体现出语境中对于名词的依赖性，语义会有一定程度的变化。而且，正如上文提到的，即使是高密度动词也会因为施动者、关系对象或关系事项的具体差异，而有一定程度的意义构建公转型特征，因此，较高密度动词将会具有相比于高密度动词更为显著的意义构建公转型特征。例如，"吃（eat）"的施动者不同，人"吃饭"和牛"吃草"、猪"吃食"和小金鱼"吃食"的方式就大相径庭；"吃"的关系对象不同，"吃玉米""吃甘蔗""吃饭""吃蛋糕"的方式也会大不同。"喝"也会因喝的关系对象不同，如"喝粥""喝牛奶"的方式就不相同，甚至"喝红酒"和"喝白酒"的方式也不同，"喝红酒"往往用大玻璃杯，晃一晃后喝一小口，品尝一下，而"喝白酒"时有些人喜欢大碗喝，犹如喝水；"喝"的施动者不同，比如在武侠小说中英雄们喝酒就喜欢大碗喝白酒，而上了一定年纪的老年人则喜欢用一个小酒盅，细细咪一口，夹一些小菜吃下去，则回味无穷。显然，在这里因为"吃""喝"施动者、关系对象不同，

"吃""喝"的方式就会不同,即"吃""喝"的意义构建呈现差异。概言之,较高密度动词具有一定程度的语义变化,表现出一定程度的语义公转型特征,并在此基础上,其语境中的意义构建相比于高密度动词也就具有更显著的公转型特征。

7.2.4 中密度动词

中密度动词,是指语义中仅表示动作行为,而不含有特定的施动者或关系对象或事项的动词。如汉语中的"拂",仅表示"轻轻擦过"或"掸去"的动作行为,并没有指明该动作行为的特定施动者、关系对象或关系事项。换言之,关于"拂"的具体动作行为的关系对象或关系事项是空灵的,因此,较前面两类动词而言,"拂"的语义不具有自足性。也正因此,它对于周围语言成分中的名词的依赖性就会增强。如"清风拂面"是指"微风轻轻擦过脸颊","拂"的动作可能给人感觉舒爽,但脸颊不会起波澜。"微风吹拂水面"是指"微风轻轻擦过水面","拂"的动作虽然也很轻柔,但是被风"吹拂"过的水面往往会起波澜,看去波光粼粼的样子。"拂晓"表示"黎明的太阳刚刚擦过天际",表示"天快亮的时候"。"拂袖而去"是指"把衣袖一甩后离开",此时也许"拂"的动作力度相对较大。"拂尘"是指"掸去灰尘",其"拂"的动作显然比较温柔。"拂意"则是指"不顺从某人的心意",意即"违背某人的心意",此时并没有真正"拂"的具体动作,是一种隐喻的用法。可见,因为"拂"本身动词语义不足,在不同语境中由于其所依赖的名词所指称的施动者、关系对象或关系事项的不同,自然"拂"的方式也就表现得异常多变。

又如英语中的动词 set,其基本语义是指 to put(to stay)in a place,表示"放置,安放"的动作行为,语义中没有特定的施动者、关系对象或关系事项,因此,该动词在具体语境中的语义对与其组合的名词等语言成分依赖性就相对比较强,set 在与不同名词的搭配中,表现出显著的围绕名词公转的意义构建特征。例如:

(27) *set* a lamp on the table

(28) *set* flowers in the vase

(29) *set* guards around the gate

(30) *set* fire to the ammunition dump

(31) *set* pen to paper

(32) *set* the camera for a long-distance shot

(33) *set* duty before pleasure in his mind
(34) mother *set* her face against her daughter's marriage
(35) the child *set* his heart on that toy

例（27）中 set 的动作对象是"灯"，因此，set 则表示"摆放"，即"将灯摆放在桌子上"；例（28）中 set 的动作对象是"花"，set 则表示"插"，即"将花插进花瓶里"；例（29）中 set 的动作对象是"卫兵"，set 则表示"布置，安排"，即"将卫兵们布置安排在门口"；例（30）中 set 的动作对象是"火"，set 则表示"点燃"，即"点燃火焰扔向（敌人的）临时火药库站点"；例（31）中 set 的动作对象是"笔和纸"，set 的意义可以释解为"拿起笔在纸上写"；例（32）中 set 的动作对象是"相机"，因此 set 的意义可以理解为"调整"，即"调整照相机的焦距准备进行长距离拍摄"；例（33）中 set 的动作对象是抽象名词"义务或工作"，这里实则并没有真正放置某种物质性的东西，而仅仅表示"在他心目中认为工作比享乐更重要"；例（34）（35）中 set one's face 和 set one's heart 中，实则并无法真正去放置某人的"脸"或"心"，而仅仅只是形象地表达一种心情，set one's face against 表示"反对"，set one's heart on 表示"特别喜欢"。

显然，动词"拂"和 set 在具体语境中的语义变化和意义构建呈现出围绕名词公转的特征，对于这一类仅有动作行为，而无特定的施动者或相关对象或事项的动词来说，其公转型特征已经非常明显。

7.2.5 低密度动词

低密度动词，是指语义中既不具有施动者、关系对象或关系事项，也不具有清晰的动作行为，动作语义相对虚空的动词。以往的动词研究中，这一类动词受到的关注较多。学者们从不同视角切入，冠之以不同的名称，比较常见的如无意义（助）动词（insignificant/auxiliary verb）（Jespersen 1933：44）、乏义动词（Sinclair 1990：147；仇伟 2011）、空泛动词（general verb）（Leech and Svartvik 2002：451）、轻动词（light verb）（Leech 2006：60）等。这类动词往往仅表示"（某人或物）施行一个动作行为或过程"，但是这个动作行为或过程的语义也呈现出不同程度的弱化、空泛。动词语义虚化程度越高，即语义密度越低，语境中对名词的语义依赖性就越强，围绕名词的语义调整性也就越明显。英语中如 give a kiss（亲一下）、have a swim（游个泳）、take a break（休息一会儿）、make a start（启动）、do a dance（跳个舞）等结构中，give、have、take、make、do 本身的动词语义几乎消失殆尽，整个结构的基本含义主要由后面的名词承担。汉语中比较典型的低密度动词如"打""做""搞"等。"打"具有一个相对实在的基本语义"用手或器具撞击物体"，如"打鼓"，此时"打"仍具有一定的语义密度。但是，当"打"与众多其他名词结合时，其语义变化繁杂浩渺。如"打官司"中的"打"指"发生与人交涉的行为"，"打包裹"中的"打"指"捆扎"，"打毛衣"中的"打"指"编织"，"打蜡"中的"打"指"涂抹"，"打井"中的"打"指"挖凿"，"打酱油"中的"打"是指"买"等。符淮青（2006：260-271）曾经对"打"进行了结合能力的详细分析，认为"打"在现代汉语中是意义最纷繁的词之一，并根据《现代汉语词典》对"打"的处理，以及调整补充，共设了28个义项，见表7.1（符淮青2006：264，有改动）。

表7.1 "打"的不同语义

	搭配名词	"打"的语义		搭配名词	"打"的语义
打	小王	① 撞击	打	鱼	⑮ 捕捉
	敌人	② 攻打		卤	⑯ 搅拌
	鸡蛋	③ 撞破		枪	⑰ 发射，发出
	书架	④ 制造		哈欠	⑱ 发生
	毛衣	⑤ 编织		旁杈	⑲ 除去
	球	⑥ 拍……运动，游戏		报告	⑳ 写
	行李	⑦ 捆扎		短工	㉑ 做
	油	⑧ 买		算盘	㉒ 计算
	洞	⑨ 挖		比方	㉓ 用……说
	肥皂	⑩ 涂抹		格子	㉔ 画
	米饭	⑪ 取		介绍信	㉕ 付，领
	草	⑫ 砍取		一个字	㉖ 指谜底
	墙	⑬ 建造		戳子	㉗ 盖
	伞	⑭ 举		手电	㉘ 使……亮

符淮青（2006：264）认为，"打"的不同语义要求有不同的宾语，而且很多语义的宾语具有相当的限制性，本书不甚同意这样的观点。相反，本书认为，正是因为"打"本身的语义在具体使用中，随着组合搭配能力的增强，逐渐变得相对空灵，所以目前"打"具有的丰富复杂的意义构建，其实质主要是依赖与其搭配的名词而逐渐形成的。正如符淮青（2006：

264)在提到"受事主语+打"的组合时揭露的,在各种组合中,"打"的语义随着相关的关系对象而变化。换言之,在与不同名词组合的过程中,其语义主要依赖于名词,围绕名词的语义不断调整自己以达成与名词语义相和谐。甚而,即使都是表示"打球",我们也能分清楚"打网球""打篮球""打乒乓球"等之间的区别,而这种区别显然是来自名词"网球""篮球""乒乓球"的百科知识的不同。简述之,这里"打"的意义构建主要以追随其关系对象名词而调整,该动词的意义构建围绕名词进行公转的特征非常显著。

任(Ren 2013)从背景植入理论(Grounding Theory),解释"打"与不同名词搭配而获得如此众多实在语义的问题。他认为,因为说话人与听话人具有相同的事件背景,即说话人编码了在某个时间、地点发生的事件,而听话者通过这些背景成分,解读了这个语义事件,如此就可获得一个共同的大脑路径通往同一个事件,进而对这个动词基于的事件,做出多样的意义解读。本书非常赞同任的观点,并且认为这种所谓的背景植入理论,其本质就是本书在第5章中的情境模拟的心理机制。在此,本书想要强调的是,动词"打"本身的语义空灵,但其语义和意义构建在不同的语境中呈现得如此变化多端,正说明动词的语义和意义构建正是围绕名词进行调整和充实的,因此,表面看来,这类动词的意义变化极其错综复杂,但其实万变不离其宗,这个"宗"就是与之搭配的名词语义。换言之,为与搭配的名词语义进行匹配或达到和谐,"打"的语义经历不断自我调整,从而呈现出语境中变化无常的表象。

以上对表示动作行为的各类动词的语义及意义构建特征进行了粗略的分析,大致可以看出,动词的语义和意义构建在很大程度上要依赖名词,但是语义密度不同的动词对名词的这种依赖性又表现出不同。总体说来,高密度动词,语义自足性最强,其具有一定程度的语义独立性,基本不表现出公转型特征。较高密度动词,相较于高密度动词,其实际语义逐渐失去,逐渐表现出对组成成分中名词的依赖性,即围绕名词进行自身语义调整,呈现公转型特征。而语义比较空灵的低密度动词对于名词的依赖性最强,表现出最明显的语义公转型特征。换言之,动词自身的语义密度越高,对名词的依赖性就越弱,围绕名词的公转型特征就越不明显,语义就具有相对稳定单一的特征;相反,动词自身的语义密度越低,对名词的依赖性就越强,围绕名词的公转型特征就越明显,语义也就具有更多变性特征。

但无论是高密度动词、较高密度动词、中密度动词，还是低密度动词，在具体语境中均无一例外地要依赖名词进行意义构建，表现出公转型特征，而其中随着语义密度的降低，其意义构建则更具有多变性，但是无论如何变，万变不离其"围绕名词构建"之宗。

7.3 形容词公转型意义构建

传统对形容词的研究，一般认为形容词修饰名词，是对名词所指称事物的普遍或重要特征和属性的描写或限定。关于形容词和名词组合的研究中，形容词在具体语境中的意义问题，也引起学界的普遍关注，如贾斯特森和卡茨（Justeson and Katz 1995）提出，old、right、short 等形容词往往具有诸多语义，属于多义形容词，这些多义形容词的不同语义与具体名词同时出现，而名词语境就可以对这些语义进行解歧。王文斌（2001：166）也提出，形容词的具体意义只能借助语境中与名词的联立关系才能得到明确，并进一步指出，形容词的语义一般取决于与它搭配、组合的词对它的制约，当一个形容词处于孤立状态时，它的词义往往是游移不定的，具有这个词在使用中可能具有的一切词义。可是，一旦这个词出现于具体的联立关系中时，其词义立即受到相邻词语的制约而稳定化、明朗化。可见，王文斌（2001）与贾斯特森和卡茨（Justeson and Katz 1993）一样，意识到形容词与名词处于联立关系时，名词对限制和明确形容词的词义具有重要作用。同时，王文斌（2001）也已经注意到形容词在语境中词义的理解具有动态的特征，但是他未能直接提出语境中的形容词词义理解过程，其实就是在线临时构建的动态观点。而张辉、范瑞萍（2008）则明确提出，形名之间的相互作用不是事先储存好的，而是在线的解释和推理过程，并在此基础上提出"概念整合理论和物性结构理论杂合的分析模式"。可见，形容词语义变化或在线意义构建都要依赖于语境中的名词，这一观点基本已经得到共识。

但是，鲜有学者更深入地探究：不同的形容词是否都具有对名词相同程度的依赖性？抑或不同形容词围绕名词进行意义构建的特征是否也会有所差别？下文根据坎普和帕蒂（Kamp and Partee 1995）的研究，将形容词分为交集形容词（intersective adjective）和从属形容词（subsective adjective）两类①，并一一阐述不同种类形容词意义构建的公转型特征。

7.3.1 交集形容词

交集形容词，是指可以通过推衍方式完成的形名组合中的形容词（Kamp and Partee 1995），如 carnivorous（食肉的）、red（红色的）、northern（北方的）等。交集（intersection），是一个数学概念，在集合论中，若设 M、N 分别为两个集合，而集合 M 与集合 N 的交集，就是指由所有属于集合 M 且属于集合 N 的元素所组成的集合，即 M∩N= {x | x∈M∧x∈N}。如集合 M {a, b, c} 和集合 N {a, c, d} 的交集为 {a, c}，即 {a, b, c} ∩ {a, c, d} = {a, c}。而从词语组合层面来看，集合 ‖ carnivorous ‖ 和集合 ‖ mammal ‖ 的交集就是 ‖ carnivorous mammal ‖，即 ‖ carnivorous ‖ ∩ ‖ mammal ‖ = {x | x∈ carnivorous∧x∈ mammal} = ‖ carnivorous mammal ‖（Kamp and Partee 1995）。从句子层面来看，Sharks are mammals（鲨鱼是哺乳动物），Sharks are carnivorous（鲨鱼是肉食动物），它们的集合就是 Sharks are carnivorous mammals（鲨鱼是肉食哺乳动物）。换言之，根据 Sharks are carnivorous mammals 可以推衍出 Sharks are mammals 和 Sharks are carnivorous。因此，carnivorous 属于交集形容词。又如 Those are flowers（那些是花）和 Those are red（那些是红色的），它们的集合就是句子 Those are red flowers（那些是红色的花）。换言之，如根据句子 Those are red flowers 可以推衍出 Those are flowers 和 Those are red，即形容词 red 和名词 flowers 的组合 red flowers 是前两者的交集，red 属于交集形容词。

在语境中，交集形容词是在不同物体类别之间引入对比，具有类别指示功能，如交集形容词 striped、wooden 和 spiritual 在与名词组合时，就具有 striped VS not striped wallpaper（有条纹的和没有条纹的壁纸）、wooden VS not wooden chairs（木椅子和非木椅子）、spiritual VS not spiritual needs（精神需求和非精神需求）之间的类别区分，也正因此，交集形容词又被称为指称修饰（referent-modifying）形容词。

那么，怎样的形容词是交集形容词？形容词，是表示人或事物的性质或状态的词（《现汉》第 6 版：1458），如"白""硬""活泼""冷酷"等。而关于人或事物的性质和状态中，有一部分是对人或事物的客观存在

---

① 诚然，这样的两分还是比较粗略的，两者之间的分界也不是泾渭分明，也有部分形容词如 fake、former 等既不属于交集形容词又不属于从属形容词，本书对此不再详细阐述。

的性质和状态的描写，如表示颜色、材料、功用价值等方面的客观属性特征的描写，这些表达客观属性特征的形容词往往就成为交集形容词。换言之，交集形容词更强调事物的客观性特征，因此，它和人或事物之间容易具有交集关系。如 polar bear 表示 a type of bear that lives near the North Pole（生活在北极的一种熊），polar aurora 表示 bands or arches of coloured light in the night sky seen either in the most northern parts of the world or in the most southern parts（北极或南极光），polar ice cap 表示 the top ice on the north or south pole（极地冰帽）。可见，形容词 polar 与名词的组合中，polar 主要对相关名词的地点属性具有修饰指别功能，如 polar bear 指有别于 forest bear（森林里的熊）。换言之，交集形容词往往自身语义明确和自足，因此，其与名词的组合中，其语义对名词的依赖性也就不明显。但是，在具体语境中，交集形容词随名词公转的意义构建性特征依然存在。如经常被学者们提及的颜色特征词"红色的"，"红色苹果"指的是表皮大部分是红色；"红色西瓜"则主要是指西瓜里面的肉是红色；"红色水笔"则主要是笔芯是红色的，可以写出红色字迹；"红色的书"则主要是指书的表皮或封面是红色的；而"脸红了"则不必整个脸变成红色，也许仅是在脸颊上泛起一点红晕，但若是酒喝多了"脸红"，则有可能整个脸都变成红色；等等。又如表示事物颜色特征的 blue，虽然其自身语义基本是确定的，但是在具体语境中，其意义的构建依然呈现出围绕名词多变的本质。例如：

(36) Beautiful June day, the sky so **blue** and the sun so bright.

(37) Congress passed a law decreeing that the colors of the American flag should be red, white, and **blue**.

(38) One was described as a black or Hispanic man, wearing a dark T-shirt, faded **blue** jeans and black gym shoes.

(39) Carlin describes himself as being of medium height and build, with **blue** eyes and light-colored hair.

(40) Her lips were **blue** with cold. She was as bloated as drowned man.

例（36）—（40）中，blue 的语义基本一致，都表示物体的颜色特征"蓝色的"。但是，若聚焦于每一个 blue 的实例，其实 blue 的意义还是会有所不同。例（36）中，blue 修饰 sky，这种蓝色是无边无际的蓝，也许蓝色的表层还飘浮着白色的云彩。例（37）中，blue 修饰 American flag，这种蓝色实质是一种 blue strip，即红白相间的蓝色条纹，旗帜的正反面都有。

例（38）中，blue 修饰 jeans，这种蓝色主要指裤子的正面颜色，正面也许是全蓝，也许会有别的颜色掺杂，但主色调是蓝色。例（39）中，blue 修饰 eyes，这种蓝色主要是眼睛瞳孔的一部分看起来呈现蓝色，而不是整双眼睛呈现蓝色。例（40）中，blue 修饰 lips，而且是因为"寒冷"而导致嘴唇颜色短暂或此时此刻变成了 blue（汉语中一般不说"蓝"，而是说嘴唇发"紫"）。显然，blue lips 的颜色特征和 blue sky 的颜色特征大相径庭。以上这些 blue 颜色的差异，其中主要源自与 blue 组合的名词，这些名词所指称的事物千差万别，作为事物颜色属性特征的 blue 当然也千差万别。尽管如此，若解读者对相关事物百科知识具有足够的认知，依然可以轻而易举地领悟和理解不同语境中 blue 的多变的意义。

7.3.2 从属形容词

所谓从属形容词，是指能通过从属包含方式完成的形名组合中的形容词（Kamp and Partee 1995），与交集形容词相对，如 skillful、beautiful、good 等。从属也是一个数学概念，在集合论中，若设 M、N 分别为两个集合，而如果集合 M 中的所有元素都从属包含于集合 N，即 {x | x ∈ M} ⇒ {x | x ∈ N}，则 M⊆N，即 M 是 N 的子集，表示集合 M 从属包含于集合 N。如集合 M {1, 3, 5} 和集合 N {1, 2, 3, 4, 5, 6}，即 M⊆N。上文指出交集形容词 ‖ carnivorous N ‖ = ‖ carnivorous ‖ ∩ ‖ N ‖，而从属形容词如 ‖ skillful N ‖ ⊆ ‖ N ‖。在句子层面，根据句子 Cindy is a skillful dancer（Cindy 是一个娴熟的舞蹈者）可以推衍出 Cindy is a skillful dancer 和 Cindy is a dancer，但无法推衍出 Cindy is skillful。因为 skillful 的本身语义标示不足，若没有名词在场，语义往往模糊、不明确。如 a skillful dancer 和 a skillful surgeon，a skillful dancer 指的是跳舞跳得好的舞蹈家中的一个分类。而 a skillful surgeon 指的是医术好的外科医生中的一个分类。两个 skillful 的语义内涵实质相差甚远，前者可能是指舞蹈过程中舞蹈家的舞姿优美和意韵深远，给人美的感受；后者可能是指外科医生的手术做得好，或者能够对症下药，医术高明，让病人摆脱病痛折磨。

与交集形容词不同的是，在具体语境中，从属形容词是在同类物体之间进行对比，所以不具有类别指示功能，如不论 skillful surgeons 还是 not skillful surgeons 都属于 surgeon 这一类别，不论 easy questions 还是 not easy questions 也都属于 questions 这一类别，不论 vivid stories 还是 not vivid stories 也都属于 stories 这一类别。正是由于缺少事物类别之间对比的能力，从属形容词很少用于需要指别认定的句子。如类似*Please hand me the simple, interesting book（*请递给我这本简单的、有趣的书）这样的句子似乎总显得别扭，一般我们不会这样说，但会说Please hand me the red, big book（请递给我这本红色的、大的书）。也正因此，从属形容词又被称为关系-特征修饰（reference-or property-modifying）形容词。

那么，什么样的形容词往往会成为从属形容词？与交集形容词不同的是，从属形容词是指基于人对客观事物的性质或状态的主观评判的描写，如"勤奋""美丽""优秀""好""坏"等形容词，都带有显然的主体对客体的主观倾向性，这一类形容词往往成为从属形容词。换言之，从属形容词更强调对事物的主观评价性特征，因此它和人或事物之间容易具有归属即从属关系。如王文斌（2001：166）曾经提出形容词light的多义性问题，指出其最原始基础语义是表示"（物体）轻的，与重相对"，但是，当它与不同的名词搭配中，语义变化多端。如light car中的light指having little weight，即"轻便的汽车"；light manners中的light指frivolous，即"轻浮的举止、行为"；light music中的light指intended mainly to entertain，即"轻音乐"；light voice中的light指soft，即"轻柔的声音"；light step中的light指gentle，即"轻快的步伐"；light diet中的light指not rich or heavily seasoned，即"清淡的饮食"；light loss中的light指not heavy，即"轻微的损失"；light heart中的light指relaxed，即"放松的心情"；light work中的light指require little effort，即"轻松的工作"。显然，形容词light与上文中的polar不同之处在于，自身语义并不清晰明确，而主要围绕名词不断调整，呈现出显豁的名词依赖性特征。换言之，从属形容词往往自身语义不自足，具有歧义性和模糊性，因此，其与名词的组合中，对名词的依赖性就显著，通常需要名词语义对其进行渗透和明晰。继而，在具体语境中，从属形容词随名词公转的意义构建性特征也非常明显，如在light infantry（轻步兵队）、light cavalry（轻骑兵队）、light weapons（轻型武器）中，light语义均指using relatively small or not heavy arms or equipment（使用相对小的或不重的武器装备），但实质light infantry指的是"配备轻型武器如步枪、机枪和枪榴弹为主的步兵部队"；light cavalry指的是"配备长剑、圆盾、弓箭、弩箭等简单武器的骑兵部队"；light weapons指的是"轻武器，主要包括枪械、手榴弹、枪榴弹、火箭发射器等"。可见，针对不同的军队，其所谓light的武器装备各不相同。换言之，即使语义相同的light在语境中因所组合的名词不同，其意义构建的实质内容也各不相同。正因此，根据从属形容词语义围绕名词而调整，意义围绕名词而构建的公转型特征，很容易解释或揭开形容词语境意义多变现象的本质。

综合动词和形容词意义构建特征的以上分析可知，不同动词或形容词本身语义蕴含的多寡或语义性质的差异，即其语义密度的高低和语义属性的差异，决定了其对名词语义依赖性程度的高低，而依赖性程度决定了语境中语义和意义构建公转的显著性程度。尤其对于动词和从属形容词，其本身语义蕴含的多寡及标示性程度又取决于其在语言中使用频率的高低，使用频率越高，语义搭配范围就越广，而随着语义搭配范围的扩大，语义密度又逐渐降低，语义逐渐变得抽象泛化，这是词汇语义语法化的一种通常路径，也是语言用变（changes of usage）与语言演变（evolution）之间的互动辩证关系。而从基于语言使用的认知角度分析，因为词汇语义来源于词汇概念，而词汇概念是词语在意义构建中留下的意义足迹的记忆，是经过多次使用事件而抽象出来的心理图式知识，因此，若词语使用频率增加，使用范围扩大，其特定语境中意义构建的足迹就会随之增多，语义变化的幅度也随之增大，导致从众多使用事件中抽象出来的该词的词汇概念，逐渐宽泛和虚化，最后凝结固化进入语言系统中的词汇语义成分就会逐渐减少，即语义密度变小，而随着语义密度的变小，其与周围语言成分的语义依赖性就会增强，其语义和意义构建的公转型特征就越明显。

7.4 自转、公转的心理认知机制

在第 5 章中，本书已经阐述了语境中词语意义构建的认知心理机制，主要是基于语言与情境模拟的认知心理过程。这一节再次强调，名词的自转型意义构建、动词和形容词的公转型意义构建过程主要是基于情境模拟的认知心理本质。

德拉什科维奇等（Drašković et al. 2013）曾经提出，形容词与名词的搭配组合中，从属形容词与名词组合的语义要比由交集形容词和名词组合的语义更为复杂，并通过实验证明人们对前一组合的语义理解会比后一组合的语义理解花费更长的时间。同时，又因为从属形容词又可分为从属匹配（subsective compatible）和从属不匹配（subsective imcompatible）两类，前者如 fast race，fast 是事件修饰词（event modifier），race 是表示事件的名词,那么它们之间的组合就是事件匹配事件（event-event）；后者如 fast car, fast 是事件修饰词,而 car 是物质名词,整个组合中包含了不匹配类型,按照生成词库理论的组合机制,需要将名词进行类型强迫引入 car 的功用角色 driving,整个组合可转换成 fast-driving car,由此,这类组合被称为从属不匹配。按照设想,因为类型不匹配需要一个强迫的心理加工过程,实验结果应该是这一类组合需要的加工耗时会更长。但是,根据试验结果并未出现"强迫"的额外时间,而是两类时间相同。虽然在平戈等（Pinango et al. 1999）的实验中显示了两者之间的差异,但是在德拉什科维奇等（Drašković et al. 2013）的再次试验中,并未能证明这一点,因此,他们猜测,也许词义理解过程中并不存在"类型强迫"这一心理过程。但是,最终究竟是哪种心理过程致使词义理解的发生,德拉什科维奇等（Drašković et al. 2013）并未给出进一步的验证或假定。

本书认为,虽然从形式上看,类型强迫确实具有很强的解释力,但是,学习者在认知理解句子或词义的过程中,其实并未曾如形式语法描写得如此具有逻辑程序化,而更多是一种基于生活经历或认知经验的心理情境模拟的过程。模拟过程是对先前生活经验的一种场景回忆,在回忆过程中是否需要通过类型强迫而引入一个新的事件类型,目前不得而知。如果需要类型强迫,那么必然会多消耗一定的时间,但是,如果该组合或句子已具有足够的情境模拟图式,那么两者的加工时间就会相差无几,由此,本书认为,造成这种试验结果差异的主要原因,是不同被试由于个体先前经历体验背景差异,在对不同的组合或句子进行认知加工过程中,经历了不同的心理情境模拟过程,最终导致加工时间消耗的差异。至于交集形容词加工明显比从属形容词加工时间短,主要缘由在于前者自身语义明确、充分,加工过程主要侧重语言层面的语义确认、关联和组合,不必然要依赖百科知识进行深层的情境模拟加工,而后者则一般要通过情境模拟,利用名词进行语义充实,因此导致两类组合加工时间存在显然的差异。

具体而言,按照情境模拟理论,无论是动词与名词的组合,或形容词与名词的组合,由语义组合引导后的概念层面的深入加工,其实质都是基于这个特定名词的心理情境模拟。而这种模拟显然不会仅局限于一个单独的实体,更是一个与之相关的情境,一个事件,甚至是多个情境和事件的组合。例如,当我们理解 a red car、a fast car 或 drive a car 等组合形式时,通常会在大脑中首先呈现出记忆中某一辆或几辆特定具体的"汽车",模拟出曾经看到过的这辆或这些"汽车"的颜色、形状、外观、装置等,也会模拟出当时看到或接触或驾驶这些车时的心情和体验感受等,而这本身就已经是一个情境或事件。从某种程度上说,此时对于 a red car、a fast car、drive a car 的深度理解开始,因此,这三种组合的理解过程本质是一致的,都是基于情境的心理模拟过程。至于 a red car 和 a fast car 在语言层面上存在形式搭配的不同,具有实体和事件强迫的机制,这些问题可能在理解者的认知心理过程中并不存在,即使存在也只能是无意识的。当然,a red car 呈现的是一个静态的、更为常见的情境,而 a fast car 若对于孩子或很少见到高速公路上快速行驶的汽车的人来说,可能不一定有类似的记忆经验,那么对于他们情境模拟相对困难,在释解 a fast car 这个组合时就可能需要耗费更长的时间,需要调动更多的记忆经验,调动先前经验中诸如飞机快速飞行或火车快速行驶等相关类似场景以进行补足,从而获得对 a fast car 的深度意义构建;而对于未曾真正驾驶过汽车的人来说,或许需要调动诸如平时生活中见过别人驾驶汽车的情境,或者图片、视频中看到过驾驶汽车的场景,或者曾经小时候玩过的模拟小汽车驾驶等一切可能相关场景来进行心理情境模拟,从而达到深度理解。概言之,无论名词意义构建的自转型特征,抑或动词、形容词意义构建的公转型特征都是基于心理情境模拟的过程本质。

7.5 本章小结

本章基于动词和形容词与名词互为语境的视角,提出动词和形容词的意义构建具有公转型特征。所谓公转,则主要包含两层意思:一是动词、形容词的语义具有对名词的依赖性;二是语境中的动词或形容词语义往往围绕名词不断进行自我调整,以适应名词语义或与名词语义相和谐,这犹如卫星围绕行星、行星围绕太阳作公转运动。然而,动词内部各成员之间的语义密度不同,故而呈现出不同程度的意义公转型特征,形容词内部各成员的语义属性不同,也呈现出不同程度的语义和意义公转型特征。本章以具体动作行为、施动者、关系对象、关系事项作为动词语义密度的主要参数指标,将动词分为高密度、较高密度、中密度和低密度四类。语义密度越高的动词,其对名词的依赖性越弱,围绕名词进行意义构建的公转型特征越不显著;语义密度越低的动词,其对名词的依赖性越强,围绕名词进行意义构建的公转型特征就越显著。形容词意义构建的特征与动词相似，其中交集形容词其语义公转型特征不显著，而从属形容词则语义公转型特征越显著。公转型特征越显著的动词、形容词的语境意义就会呈现出更加变化多端、不可捉摸的外象，但实质无论如何变化，万变不离其"围绕名词构建"之宗。

第 8 章

结　论

人类语言的本质共性是意义性，意义反映人类的认知过程和思维成果，摸清词义在语境中构建的规律是语义学研究的重要议题。然而，词义是流动的，而不是恒定、僵化的，词义犹如空中翱翔的鹰、四处飞舞的蝶，被称为"狡猾的家伙"，我们很难真正掌握它（Aitchison 1987：30-40）。本书基于认知语义学的理论基础，指出词义实则涉及三个不同层面，围绕词义构建的主体、过程及规律性特征等三个维度，对词义构建问题做出较为充分的阐释。

8.1　主要发现

首先，本书厘清语义、概念、意义三者之间的联系与区别，提出语义属于语言范畴，是反映客观事物或现象最基本或一般特征的、惯常化了的语言知识；概念属于思维范畴，是人类对感知事物所具有的属性及情感体验加以概括而形成的图式化的心理知识；意义属于使用范畴，是基于具体语境对概念图式知识进行适切解读的、即时的心理构建过程。反之，意义构建过程也是概念的形成过程，而概念一旦形成则又成为新的意义构建的基础；概念也是语义的来源和基底，语义有赖于概念来反映世界之事物或现象。

其次，本书以语义、概念、意义三者为主线，综述前人对词义问题探讨的视角，指出结构主义语义学时期主要基于语言系统内部的语义视角，生成语义学时期主要聚焦于语义与概念双层视角，而传统认知语义学主要侧重概念与意义的关系视角。基于以上综述，本书提出，对于词义的描写方式不应遵循一个孤立的点（语义）或两点成一直线（语义与概念或概念与意义）的简单连接，而应该是三者相互联系，具有互通和渗透性。由此得出，词义问题实则牵涉三个不同层面，即语言层面、概念层面和使用层面。以词义三个层面为出发点，并基于认知语义学的主要理论包括具身认知、百科知识意义观、意义构建观和基于使用的假设，本书探究了词义构建的主体、过程及规律性特征三个子问题，得出的主要结论可以概括为以下四点：

（一）词义构建的三大主体为词汇语义、词汇概念和词汇意义。词汇语义是语言范畴中的一个实体，是词语所表达的明晰而稳定的语义知识；词汇概念属于概念范畴，是与词语相联系的概念内容或概念结构；词汇意义是使用范畴的一个事件，是语言使用者的一种在线心理模拟和构建过程。词汇语义在语言社团内部具有规约性特征，词汇意义具有与语境共变之特征。词汇概念是词汇语义和词汇意义的后台认知基础，词汇语义来源于词汇概念，并借助词汇概念反映客观事物或现象，而词汇概念固化入语言便成为相对明晰和稳定的词汇语义；词汇意义只有基于词汇概念才能在具体语境中得到适切的构建或解读，而词汇概念是词语在意义构建中留下的意义足迹的记忆，是经过多次使用事件而抽象出来的心理图式知识。因此，词汇意义的构建过程也是词汇概念化的过程。词汇概念具有两极性：一极寄居于词汇语义的语言物质外壳，与语言系统相连；另一极提供路径以通往词汇概念结构，与概念系统相连。词汇概念的包容性是词汇概念两极性的本质体现，而选择趋向性则是词汇概念的生物识别码。

（二）词义构建的过程是词汇语义、词汇概念、词汇意义三者在不同层面历经语言与情境模拟融合的交互作用过程。根据心理语言学的研究成果——语言与情境模拟理论的基本假设，人类的认知系统经过不断进化和演变，逐渐发展出灵活的双加工机制，以应对不同的概念加工需要，即大脑语言系统中语言形式加工机制和大脑模态系统中的情境模拟加工机制（Barsalou et al. 2008：245）。体现在词义构建过程，语境中词汇意义的构建需要经历三个阶段：语言加工阶段、情境模拟加工阶段和语境构建阶段，每个阶段分别依存于词汇语义、词汇概念和词汇意义三个载体。实际语言理解中，在语言层面，通过词汇的语义确认、语义关联和语义组合机制进行语言理解的浅层加工；同时，词汇语义对概念层面的深层加工又起着导引和指示作用。在概念层面，主体通过对相关词汇的概念结构及词汇现处语境所激活的情境的心理模拟过程，将概念信息与语境情境信息合流，而经过多次语义加工和情境模拟加工的反复轮回和融合交互，最终完成词汇意义的构建过程，获得与语境匹配的词汇意义解读。因此，词汇语义的信息加工、词汇概念的情境模拟加工及词汇意义的语境构建三者交互作用是词义构建的认知心理现实。需要特别强调的是，一方面，虽然一般的直觉经验认为，我们可以根据相对稳定的词汇语义构建出适切于语境的多变的词汇意义，然实则，两者之间并非具有直接的联系与互通，它们之间的通达必须经由词汇概念这个桥梁和媒介，词汇概念是词义构建过程中的重要基底。另一方面，基于语言使用的假设，词汇意义的构建本身就是形成词汇概念的过程，词汇概念是词语经过多次意义构建事件而抽象出来的心理图式知识。而词汇语义是词汇概念在语言词汇中的编码，词汇概念是词汇语义的来源和基础。据此，本书提出词义构建三角模型，词汇语义、词汇概念和词汇意义三者之间具有相互贯通和相互渗透的紧密联系。

（三）受词义共振机制的推动，特定语境中的名词意义构建因语义自足而展现出自身特定义面轮转的自转型特征。句子中的名词、动词、形容词等各语言成分之间首先是互为语境、呈现彼此的互动关系，而推动这种互动关系的意义运作机制是词义共振原理。本书所谓的词义共振，同时蕴含了语言层面的语义共振及词汇概念和词汇意义层面的思维共振。语义共振是指词语语义的关联和组合过程，思维共振是指基于心理情境模拟的动态协商和平衡过程。受词义共振机制的限制和统辖，语境中名词的词义构建呈现自转型特征。所谓自转包含两个层面：一是名词语义具有独立性和自足性，犹如一个相对稳定有形的天体；二是名词通过凸显自己特定的义面以达到与周边语言成分的语义和谐，而在特定义面的导引和指示下，经由词汇概念层面的心理情境模拟加工，最后得到适切于语境的意义构建。因此，名词的意义构建呈现出语境多变性，这种多变性犹如一个相对独立的天体在银河系中做自转运动。具体而言，名词词义构建的自转运动主要表现为自身义面的轮转，包括四种物性角色之间的轮转、物质义·事件义·内容义之间的轮转及特定名词具体义面的轮转，其中物质义是名词语义的根本，是其他义面凸显的前提和基础，而相对有形的物质性名词的义面轮转比相对无形的抽象性名词的义面轮转更为显著。

（四）同样受词义共振机制的推动，特定语境中的动词和形容词因定义缺省或语义标示不足，而展现出主要围绕名词调整自身语义或语境意义构建的公转型特征。所谓公转也包含两个层面：一是动词和形容词的语义不具有自足性，而通常需要名词对其进行渗透或充实。换言之，动词和形容词语义对名词具有依赖性；二是语境中的动词或形容词语义或意义构建通过围绕名词不断自我调整，以适应名词语义或与名词语义相和谐，这犹如卫星围绕行星或行星围绕太阳作公转运动。然而，动词和形容词内部成员的语义密度和语义属性并非均质或同质，因此，各动词和形容词呈现出不同程度的语义和意义构建公转型特征。具体而言，基于对表示动作行为动词的语义拓展分析，本书以具体的动作行为、施动者、关系对象、关系事项作为动词语义密度的主要参数指标，将动词分为高密度、较高密度、中密度和低密度四类。语义密度越高的动词，对名词的依赖性越弱，语义公转型越不显著；语义密度越低的动词，对名词的依赖性越强，语义公转型越显著。但是，无论高密度动词还是低密度动词，均无一例外地呈现出围绕名词进行意义构建的公转型特征。基于形容词本身语义属性的不同，本书将形容词分为交集形容词和从属形容词两类。交集形容词自身语义相对明晰，对名词的依赖性相对不强，语义公转型特征也相对不显著；而从属形容词自身语义不足、语义模糊，对名词的依赖性较强，语义公转型特征也较为显著。但无论交集形容词还是从属形容词，在具体语境中，均呈现出围绕名词进行意义构建的公转型特征。诚然，语义公转型特征明显的动词或形容词在语境的意义构建中，会表现出更加变化多端、不可捉摸的外象，但实质无论如何多变，万变不离其"围绕名词构建"之宗。

一言以蔽之，本书主要的理论创新在于两大视角和四个发现：以词语作为相对独立个体为视角，发现语境中的词义实则牵涉三个层面，而这三个层面也正是词义构建的三大主体；还发现基于这三大主体的词义构建过程其本质是语言与情境模拟融合交互的心理过程，同时提出词义构建三角模型。以词语之间互为语境为视角，发现名词以自身义面轮转进行意义构建的自转型特征；还发现动词和形容词始终围绕名词进行意义构建的公转型特征。这些理论研究成果必将对词汇语义学理论和词汇教学实践具有重要的意义和价值。

8.2 对外语教学的启示

词汇对于语言学习的重要性不言而喻，特定词语在语境中的不同意义的解读更是外语教师教学的重点、学生学习的难点，如"旧词新用"往往是外语教师在课堂上要反复强调的重中之重。而词汇问题的另一个顽疾就是，学生学习了大量的词汇，但是在自己表达或写作过程中却依然不知道如何正确使用。换言之，大量词汇被输入，但是在输出过程中却依然受到很大限制，词汇无法正确输出成为学生学习外语过程中始终难以逾越的障碍。笔者在高校从教十七年余，深刻了解学生在英语学习过程中，尤其是英语词汇学习过程中的煎熬与痛苦。本书在对词义构建的认知研究中，提出词义的三个不同层面，探讨了词义构建的主体、过程、名词与动词和形容词的词义构建规律性特征。这些都将对词汇教学实践及辞典编纂具有启发和理论指导意义。

（一）词汇语义是词义构建的始端，启示词汇学习过程中要勤查词典，通过词典释义帮助掌握词汇。根据词义构建的主体和过程可以知晓词汇语义是语言层面词语结构的基本要素之一，语言的浅层加工就是词汇语义的确认和词汇语义的关联与组合，而将词语的语义进行关联与组合的前提是要能确认词语的语义，而要确认词语语义的必要手段和途径就是查词典，通过在词典中确认相关词语的基本语义，这是词汇学习的开始。更为重要的是，词义构建过程中，词汇语义可以为进一步的概念深层加工起引导和指示作用。正是由于语言层面词汇语义的先导作用，才能让词义进入概念层面的情境模拟加工机制，最后激活概念在语境中的适当解读。换言之，词汇学习始于语言层面的词汇语义的学习，因此，外语学习过程中教师应鼓励并注重培养学生勤查词典的好习惯。但同时也应有清醒认识，词义实则牵涉三个层面，光靠语言层面的词典释义还远未真正掌握词义。

（二）基于词汇概念和词汇意义层面情境模拟的心理构建过程，启示词汇教学应注重在真实语境中进行。日常外语教学中，学生喜欢用背诵词典或词汇书等方式，试图短时间内迅速扩大自己的词汇量；外语教师也往往会通过细致讲解每一篇课文后面的词汇表来进行词汇教学。诚然，对词语的词典释义的背诵或讲解可以有效促进学生对语言层面词汇语义的掌握，但若未能进行基于概念层面深层的心理情境模拟加工过程，并不能真正掌握词义，最后很可能导致虽有大量输入却无法准确输出的尴尬局面。词汇概念是词义不可分割的一部分，是语言学习层面词汇语义和语言使用层面的词汇意义能够相互通达的必不可少的认知后台信息。词语只有在真实语境中接触或学习，在词汇使用中历经特定情境的心理模拟过程，并建立适宜的语境解读和意义构建，如此多次反复的词语使用事件才能在大脑思维结构中留下印迹，逐渐构成相应的词汇概念内容或概念结构，使得该词语从语言到语境使用的路径真正通达，才能有效促进词汇学习，学习者才能够真正掌握词汇，做到准确解读、精准输出。因此，一方面，教师在外语教学过程中，需要注重在语篇中或者通过创设语境展开词汇教学，而切忌采用课堂干巴巴的词典释义讲解，课后让学生死记硬背的方式进行，这样的结果可能是事倍功半，甚至徒劳无功；另一方面，词汇教学中可提供适当实物、图片或视频等场景帮助学生进行情境模拟，加深对词汇的理解和掌握。词义构建的过程，其实质是语言与情境的模拟过程，有些词汇对于学习者来说，由于生活经验或者阅历限制，不一定能够模拟出相应的场景，若无法历经模拟的心理过程，很难深入理解这个词的意义，无法完成从语义到意义的路径。换言之，在词义构建过程中如果在情境模拟这个关卡上卡壳，那么就会阻断词汇习得过程，对于词义的理解只能停留在语言理解的表层。而教师若能够提供一定的实物、图片或创设相应的情境视频等，将有助于打通词义构建的路径，帮助学生深入理解新学词语的意义。从这个角度来看，二语学习往往比外语学习更为有效很大程度上也是这个缘由。在二语学习环境中，语言词汇的学习往往具有可感、可触、可摸的真实场景，从语义到意义的词义构建就相对容易，二语学习效率自然也高。举一个简单的例子，笔者在大学期间曾经在课文中学习过 limousine 这个单词，但是，由于自己以前未曾见过或坐过如此的豪华轿车，不知真正的 limousine 为何物。也就是说，笔者虽然学习过这个单词，也知道这个单词的语义是"豪华轿车"，但是对在何种情况下可以使用这个单词却全然不知。后来笔者到美国访学，当地学校安排一辆豪华轿车接送，在与司机聊天过程中，他提及"以后每天由我用这个 limousine 来接大家来回学校和宿舍之间"。就在那一刻，笔者才突然领悟到这个单词的真正意义，也才真正理解和掌握这个单词，以后自然也能精准输出。简言之，词汇学习需要有与该词语相关的相应情境或百科知识（即词汇概念）作为背景来支撑，心理的情境模拟加工是词汇学习过程中的一个重要环节，非常值得研究和重视。

（三）名词与动词和形容词意义构建的规律性特征研究也有助于学习者理解语言形式与意义之间的本质联系，加深对语言意义的本体认知。日常教学中，教师通常比较注重教授个别词语在不同语境中的特定用法和意义，但是却很少有研究能够揭示出在特定语境中的词义构建的整体规律性特征。一般都认为，词义是多变的，流动的，具有无常性。而本书的研究，揭示了三大主要词类词义构建实则依然具有自转和公转的规律性特征。名词的自转主要是在四种物性角色之间、物质义和事件义、物质义与内容义、事件义与内容义之间以及各种具体义面之间轮转。动词和形容词的公转则主要是围绕名词所指称的实体而不断调整自己的语义或意义，以与名词的相应面相匹配或达到和谐。这些规律性特征的揭示有助于学习者在外语学习过程中理性认识，对于词语的意义学习切忌死记硬背，而应该遵循意义构建的规律进行基于特定语境的适切解读。

（四）对词典编纂中释义、例证、信息选择与排列等理念提供理论支撑。传统词典中的词汇释义和举例等信息，往往主要针对词汇的语法或语义信息的简单罗列，但若能够增加词汇实际使用的场景，让学习者在词汇查阅过程中直接获取涉及典型语境的概念信息，帮助学生建立相应的词汇概念内容或概念结构，培养词汇理解和使用的语境意识，提高词汇运用能力，这是对词典"用户友好型"的最佳诠释。尤其现在的电子词典对于容量的限制相对较小，可以通过链接等手段提供某个特定词语真实的使用场景，提供相对丰富和完整的情境，增加学习者身临其境的学习体验。

总言之，词义构建的研究为外语学习，尤其是词汇教学和词典编纂提供重要的启示和理论支撑。因本书的侧重点主要在于语言理论研究，其应用方面不是本书重点，故此处不再进一步展开讨论。

8.3 局限及未来展望

本书虽然试图尽可能深入全面地探讨词义问题的多个层面，尽可能多地搜集语料或以语料库的数据为理论支撑，使得思辨的理论更具说服力，也能够更加透彻地对词义问题做出解释。但是，终因意义问题牵涉面太多太广，对于意义的研究素来被称为"泥潭""流沙""黑洞"，又加之个人能力和研究时间有限，使得本书的阐释依然存在一定的局限性。本书的局限性主要表现在以下三个方面：

（一）本书侧重宏观层面的理论思辨，缺乏微观层面的细致刻画。总体说来，本书主要是在比较宏观的层面上提出词义构建的三个方面：构建主体、构建过程和构建规律性特征，以基于语料库中搜集的真实语料作为理论支撑。但是，全文还是以思辨为主，虽然尽量提供充分可靠的真实语料进行作证，但终究未能对某一类或某一个词语建构封闭语料库进行穷尽性的、细致深入的专门探讨。另外，随着计算机技术的发展，各种数据可视化手段的应用使得语言学研究呈现出与传统研究迥然有别的面貌。这些可视化手段诸如搭配网络图、词语云、运动图等在国内外的语言学研究中已经广泛运用，能够有效促进对语言微观层面的细致刻画，但本书都未能加以运用，也未能尽可能地挖掘数据使理论和模型建构得到更加有力的语料支持。

（二）本书仅对名词、动词和形容词三个主要词类进行了词义构建规律性特征研究，未能涉及其他更多词类。本书主要探讨了名词的词义构建特征为自转型，动词和形容词的词义构建特征为公转型，对于副词、介词等词类没有进行更为深入的探讨。一方面因为本人研究时间和能力受到限制，无法做到面面俱到；另一方面本书认为，诸如副词、介词等词类也主要是属于关系性词，在词义上和动词、形容词类似，具有语义依赖性和关联性，可能也具有公转型特征。但是，终究还是未能深入探究其构建特征，期待以后能够作专文探讨。同时，动词因为其内部成员语义异常复杂，本书也仅是以表示行为动作的动词为例，管中窥豹，提出动词意义构建的公转型特征，并未能对诸如心理动词、表示声响的动词等更多动词词类进行更为细致的阐析，希望在以后的研究中能够更进一步深入探究。

（三）本书中谈及的词义构建的语境主要限制于句子语境，未能拓展到语篇或者语用推理等更宽泛的词汇使用场景。全文所提出的词汇意义的语境构建或语言使用语境的构建或解读，基本上是在以句子为基础的语境层面上对词义变化现象进行解释。尽管句子中与其共现的词语确实在很大程度上对词义的构建起着主要作用，但是，词义变化现象是否真的只需在句子层面上就能得到充分的解释？应该说，对于词义的解读并不限于句子范围，语用和语篇组织的基本原理皆可能随时会被调动，句子中的词义构建规则与篇章语用推理结合起来才能获得篇章语境下词语更为精细的意义解读和构建。对于词义的理解，正如吉拉兹（Geeraerts 2010：153）所指出的,"如果要在语义学和语用学之间做出原则性的区分,语用学就不应被扫到地毯下面"。简言之,篇章环境下的语用推理对于理解词义变化问题是必需的,这也是本研究以后需要进一步深入展开的非常重要的方面。

正是由于本书还存在以上诸多遗憾,这些遗憾也为未来研究留下了许多值得去做的工作。具体而言,对未来研究的展望主要有以下三个方面:

(一)尝试从语料出发对自转型和公转型词义构建规律性特征,做更精细的颗粒度刻画,探究自转型和公转型词义构建的连续统。理论的思辨最终还是要依赖真实的语料,要真正能够解释语言事实。因此,未来研究将加强以某一类词语或某个特定词语进行小型封闭语料库的建设,并对这些终极类的语料进行细致剖析,检验本书所提出的词义构建的公转型和自转型特征的观点。此外,本书在研究中发现,即使同为名词,具体名词和抽象名词也表现出不同程度的自转型特征;即使同为动词,语义密度不同的动词也表现出不同的公转型特征;即使同为形容词,语义属性不同的从属形容词和交集形容词也表现出不同的公转型特征。因此,如果对各词类进行更为细致的划分,再加上对更多词类的探究,应该能够更清晰地展现出一个自转型或公转型意义构建的连续统。然而,目前学界对这项工作还未引起足够重视,但是,它对于词汇语义学乃至整个语义学研究领域,都将是一个重要课题。

(二)继续关注心理学研究的最新成果,修正和完善词义构建三角模型。本书基于心理学的研究成果,即语言与情境模拟理论,提出词义构建三角模型。但是,心理学的实证研究结果很多时候会随着研究发展的进一步深入,而不断进行完善和调整,正如语言与情境模拟理论本身也是由感知符号系统理论发展而来。笔者将继续关注认知心理学中关于具身认知理论及语言与情境模拟理论的新进展,汲取最新的心理实证研究成果,借此不断修正和完善词义构建三角模型。从更宽泛的视野审视,传统词汇语义学研究对于词义问题的阐述,往往更加注重理论上的大胆设想和论证,忽视了这种研究模式和理论假设在实证背景中的验证,而心理学方法则更注重严谨而全面的实证研究方法论,可以弥补纯理论思辨带来的过于主观性的问题。但同时,心理学实验的设计与假设也需要从语言学理论中获得启示。因此,对于词汇语义学研究中的词义研究方法论,将语言学与心理学两者相结合是必然之路,语言学层面上对于词义的研究可以从心理学的研究实验发现和数据中获利,两者的结合可以拓宽词义研究的未来空间。

（三）加强本理论研究成果对于词汇教学和词典编纂的应用研究。意义的研究是语言学研究的圣杯，有助于揭示人类语言与思维之间的本质联系。任何一种成功的科学理论都将为人类文明进步做出贡献，语言研究自然也不例外。将语言学理论研究成果应用于教学，将有助于教师和学习者更加理性地开展教学活动，提升教学效果。在未来的工作中，笔者将从教师教授词汇、学习者学习词汇两个不同角度深入探究词汇教学问题。利用语言与情境模拟理论中词义构建的心理模拟本质，探究如何培养学习者进行深度阅读，在心理模拟过程中做出大量的各种推理，将相对零碎的词汇意义加以整合，将整合模拟构成整体模拟，以使学习的词汇和信息能够融会贯通。总之，将语言理论研究成果有效地应用于实践教学，也是理论研究的一个重要目标，未来笔者将推进这一方面的研究工作。

美国克瑞顿大学（Creighton University）的哲学教授袁劲梅（2017）曾经说过，"做学问是一点一点地积累，在他人工作的基础上，拨开前面让人看不清楚的杂草，细细地分析；用理性拷问自己，拷问先人；然后，向前小心翼翼地放一块小小的新石头，让后人踩着，不摔下来"。本书对于词义构建的研究不敢说有多大的理论创新和理论推动，也仅希望是"拨开了一部分杂草""放了一块小小的新石头"，为后人，也更为自己以后能够更加深入地研究做一个铺垫。

参考文献

Adams, F. 2010. Embodied Cognition. *Phenomenology and the Cognitive Sciences*, 9(4): 619-628.

Aitchison, J. 1987. *Words in the Mind: An Introduction to the Mental Lexicon*. Oxford: Basil Blackwell.

Altenberg, B. and S. Granger(eds.). 2002. *Lexis in Contrast: Corpus-Based Approaches*. Amsterdam: John Benjamins.

Aschwanden, C. 2013. Where Is Thought? *Discover*, 34(5): 28-29.

Atkins, B. T. S. 1987. Semantic-ID Tags: Corpus Evidence for Dictionary Senses. In Zettersten, A. (ed.), *The Uses of Large Text Databases: Proceedings of the Third Annual Conference of the New OED Centre*. Canada: University of Waterloo, 17-36.

Austin, J. L. 1955/2012. *How to Do Things with Words*. Beijing: Foreign Language Teaching and Research Press.

Barsalou, L. W. 1993. Flexibility, Structure and Linguistic Vagary in Concepts: Manifestations of a Compositional System of Perceptual Symbols. In Collins, A. F. et al. (eds.), *Theories of Memory*. New Jersey: Lawrence Erlbaum Associates Ltd., 29-101.

Barsalou, L. W. 1999a. Perceptual Symbol Systems. *Behavioral and Brain Sciences*, 22(4): 577-660.

Barsalou, L. W. 1999b. Language Comprehension: Archival Memory or Preparation for Situated Action?. *Discourse Processes*, 28(1): 61-80.

Barsalou, L. W. 2003. Situated Simulation in the Human Conceptual System. *Language and Cognitive Processes*, 18(5-6): 513-562.

Barsalou, L. W. 2005. Continuity of the Conceptual System across Species. *Trends in Cognitive Sciences*, 9(7): 309-311.

Barsalou, L. W. 2008. Grounded Cognition. *Annual Review of Psychology*, 59: 617-645.

Barsalou, L. W. 2009. Simulation, Situated Conceptualization and Prediction. *Philosophical Transactions of the Royal Society B: Biological Sciences*, 364: 1281-1289.

Barsalou, L. W. 2016. On Staying Grounded and Avoiding Quixotic Dead Ends. *Psychonomic Bulletin & Review*, 23(4): 1122-1142.

Barsalou, L. W. and J. J. Prinz. 1997. Mundane Creativity in Perceptual Symbol Systems. In Ward, T. B., Smith S. M. and J. Vaid (eds.), *Creative Thought: An Investigation of Conceptual Structures and Processes*. Washington, D. C.: American Psychological Association, 267-307.

Barsalou, L. W., Santos, A., Simons W. K., et al. 2008. Language and Simulation in Conceptual Processing. In De Vega, M., Glenberg, A. M., and A. C. Graesser (eds.), *Symbols, Embodiment and Meaning*. Oxford: Oxford University Press, 245-283.

Bergen, B. 2007. Experimental Methods for Simulation Semantics. In Gonzalez-Marquez, M., Mittelberg, I., Coulson, S., et al. (eds.), *Methods in Cognitive Linguistics*. Amsterdam/Philadelphia: John Benjamins, 277-301.

Bergen, B. and N. Chang. 2005. Embodied Construction Grammar in Simulation-Based Language Understanding. In Östman, J. and M. Fried (eds.), *Construction Grammars: Cognitive Grounding and Theoretical Extensions*. Amsterdam/Philadelphia: John Benjamins, 355-363.

Bergen, B., Narayan S. and J. Feldman. 2003. Embodied Verbal Semantics: Evidence from an Image-Verb Matching Task. *Proceedings of the 25th Annual Conference of the Cognitive Science Society*, 139-144.

Bierwisch, M. 1983a. Formal and Lexical Semantics. *Grazer Linguistische Studien*, 114: 56-79.

Bierwisch, M. 1983b. Major Aspects of the Psychology of Language. *Grazer Linguistische Studien*, 114: 1-38.

Bierwisch, M. 1987. Linguistics as a Cognitive Science: Explanatory Notes on a Research-Program. *Zeitschrift für Germanistik*, 6: 645-667.

Bierwisch, M. 1988. On the Grammar of Local Prepositions. In Bierwisch,

M., Motsch, W. and I. Zimmermann (eds.), *Syntax, Semantik und Lexikon*. Berlin: Akademie, 1-66.

Bierwisch, M. and E. Lang (eds.). 1989. *Dimentional Adjectives: Grammatical Structure and Conceptual Interpretation*. Berlin: Springer.

Bloomfield, L. 1933. *Language*. New York: Holt.

Blutner, R. 1998. Lexical Pragmatics. *Journal of Semantics*, 15(2): 115-162.

Boas, F. 1966. *Race, Language and Culture*. London: Collier Macmillan.

Boroditsky, L. and M. Ramscar. 2002. The Roles of Body and Mind in Abstract Thought. *Psychological Science*, 13(2): 185-189.

Bowerman, M. 2007. Containment, Support and Beyond: Constructing Topological Spatial Categories in First Language Acquisition. In Aurnague, M., Hickmann, M. and L. Vieu(eds.), *Categorization of Spatial Entities in Language and Cognition*. Amsterdam: John Benjamins, 177-203.

Brandt, P. A. (ed.). 2004. *Spaces, Domains, and Meaning: Essays in Cognitive Semiotics*. Bern: Peter Lang.

Bréal, M. 1897. *Essai de Sémantique: Science des Significations*. Paris: Hachette.

Buccino, G., Riggio, L., Melli, G., et al. 2005. Listening to Action-Related Sentences Modulates the Activity of the Motor System: A Combined TMS and Behavioral Study. *Cognitive Brain Research*, 24(3): 355-363.

Bybee, J. L. 2013. Usage-based Theory and Exemplar Representations of Constructions. In Hoffmann, T. and G. Trousdale(eds.), *The Oxford Handbook of Construction Grammar*. Oxford: Oxford University Press, 49-69.

Chomsky, N. 1986. *Knowledge of Language: Its Nature, Origin and Use*. New York: Praeger.

Cliff, G. 2006. *Ethnopragmatics: Understanding Discourse in Cultural Context*. Berlin: Mouton de Gruyter.

Cliff, G. 2008. *Cross-Linguistic Semantics*. Amsterdam: John Benjamins.

Cliff, G. and A. Wierzbicka(eds.). 1994. *Semantic and Lexical Universals: Theory and Empirical Findings*. Amsterdam: John Benjamins.

Cliff, G. and A. Wierzbicka(eds.). 2002. *Meaning and Universal Grammar:*

Theory and Empirical Findings. Amsterdam: John Benjamins.

Collins, A. M. and E. F. Loftus. 1975. A Spreading-Activation Theory of Semantic Processing. *Psychological Review*, 82(6): 407–428.

Copestake, A. and T. Briscoe. 1992. Lexical Operations in a Unification-Based Framework. In Pustejovsky, J. and S. Bergler (eds.), *Lexical Semantics and Knowledge Representation*, *Proceedings of the First SIGLEX Workshop*. Berkeley, CA, Springer-Verlag, 101–119.

Copestake, A. and T. Briscoe. 1995. Semi-Productive Polysemy and Sense Extension. *Journal of Semantics*, 12(1): 15–67.

Coseriu, E. 1962. *Teoría del Lenguaje y Lingüística General: Cinco Estudios*. Madrid: Gredos.

Coseriu, E. 1964. Pour une Sémantique Diachronique Structurale. *Travaux de linguistique et de littérature*, (2): 139–186.

Coseriu, E. 1967. Lexikalische Solidaritäten. *Poetica*(1): 293–303.

Coulson, S. 2010. *Semantic Leaps: Frame-Shifting and Conceptual Blending in Meaning Construction*. Beijing: World Publishing Corporation.

Croft, W. 1993. The Role of Domains in the Interpretation of Metaphors and Metonymies. *Cognitive Linguistics*, 4(4): 335–370.

Croft, W. 2000. *Explaining Language Change: An Evolutionary Approach*. London: Longman.

Croft, W. 2012. *Verbs: Aspect and Causal Structure*. Oxford: Oxford University Press.

Cruse, D. A. 1982. On Lexical Ambiguity. *Nottingham Linguistic Circular*, (11): 65–80.

Cruse, D. A. 1986. *Lexical Semantics*. Cambridge: Cambridge University Press.

Cruse, D. A. 2011. *Meaning in Language: An Introduction to Semantics and Pragmatics*. Oxford: Oxford University Press.

Dąbrowska, E. 2009. Words as Constructions. In Evans, V. and S. Pourcel (eds.), *New Directions in Cognitive Linguistics*. Amsterdam: John Benjamins, 201–224.

Dąbrowska, E. 2016. Cognitive Linguistics' Seven Deadly Sins. *Cognitive*

Linguistics, 27(4): 479-491.

Drašković, I., Pustejovsky, J. and R. Schreuder. 2013. Adjective-Noun Combinations and the Generative Lexicon. In Pustejovsky, J., Bouillon, P., Isahara, H., et al. (eds.), *Advances in Generative Lexicon Theory*. Dordrecht: Springer, 181-202.

Erdmann, K. O. 1910. *Die Bedeutung des Wortes: Aufsätze aus dem Grenzgebiet der Sprachpsychologie und logik*. Leipzig: Avenarius.

Evans, V. 2004. *The Structure of Time: Language, Meaning and Temporal Cognition*. Amsterdam: John Benjamins.

Evans, V. 2005. The Meaning of "Time": Polysemy, the Lexicon and Conceptual Structure. *Journal of Linguistics*, 41(1): 33-75.

Evans, V. 2006. Lexical Concepts, Cognitive Models and Meaning-Construction. *Cognitive Linguistics*, 17(4): 491-534.

Evans, V. 2010. *How Words Mean: Lexical Concepts, Cognitive Models and Meaning Construction*. Oxford: Oxford University Press.

Evans, V. 2016. Cognitive Linguistics. *WIREs Cognitive Science*, 3(2): 129-141.

Evans, V. and M. Green. 2015. *Cognitive Linguistics: An Introduction*. Beijing: World Publishing Corporation.

Fauconnier, G. 1985. *Mental Spaces: Aspects of Meaning Construction in Natural Language*. Massachusetts: the MIT Press.

Fauconnier, G. 1997. *Mappings in Thought and Language*. Cambridge: Cambridge University Press.

Fauconnier, G. 2001. Conceptual Blending and Analogy. In Gentner, D. (ed.), *The Analogical Mind: Perspectives from Cognitive Science*. Massachusetts: The MIT Press, 255-286.

Feldman, J. and S. Narayanan. 2004. Embodied Meaning in a Neural Theory of Language. *Brain and Language*, 89(2): 385-392.

Fillmore, C. J. 1977a. The Case for Case Reopened. In Cole, P. and J. M. Sadock (eds.), *Grammatical Relations*. New York: Academic Press, 59-81.

Fillmore, C. J. 1977b. Scenes-and-Frames Semantics. In Zampolli, A. (ed.), *Linguistic Structures Processing*. Amsterdam: North-Holland, 55-81.

Fillmore, C. J. 1982. Frame Semantics. In Linguistic Society of Korea(ed.), *Linguistics in the Morning Calm*. Seoul: Hanshin, 111-137.

Fillmore, C. J. 1985. Frames and the Semantics of Understanding. *Quaderni di Semantica*, (6): 222-245.

Fillmore, C. J. 1987. A Private History of the Concept Frame. In Dirven, R. and G. Radden(eds.), *Concepts of Case*. Tübingen: Narr, 28-36.

Fillmore, C. J. and B. T. Atkins. 1992. Toward a Frame-Based Lexicon: The Semantics of RISK and Its Neighbors. In Lehrer, A. and E. F. Kittay(eds.), *Frames, Fields and Contrasts: New Essays in Semantic and Lexical Organization*. New Jersey: Lawrence Erlbaum Associates, Publishers, 75-102.

Firth. J. R. 1957. A Synopsis of Linguistic Theory. In Firth, J. R. (ed.), *Studies in Linguistic Analysis*. Oxford: Basil Blackwell, 1-32.

Fischer. M. H. and R. A. Zwaan. 2008. Embodied Language: A Review of the Role of the Motor System in Language Comprehension. *The Quarterly Journal of Experimental Psychology*, 61(6): 825-850.

Fordor, J. A. 1983. *The Modularity of Mind: An Essay on Faculty Psychology*. Massachusetts: the MIT Press.

Fordor, J. A. and E. Lepore. 1998. The Emptiness of the Lexicon: Reflections on James Pustejovsky's "The Generative Lexicon". *Linguistic Inquiry*, 29(2): 269-288.

Frege, G. 1953. *The Foundations of Arithmetic: A Logical-Mathematical Enquiry into the Concept of Number*. Translated by Austin, J. L. Oxford: Basil Blackwell & Mott Ltd.

Gallese, V. and G. Lakoff. 2005. The Brain's Concepts: The Role of the Sensory-Motor System in Conceptual Knowledge. *Cognitive Neuropsychology*, 22(3): 455-479.

Geeraerts, D. (ed.). 2006a. *Cognitive Linguistics: Basic Readings*. Berlin: Mouton de Gruyter.

Geeraerts, D. 2006b. *Words and Other Wonders: Papers on Lexical and Semantic Topics*. Berlin: Mouton de Gruyter.

Geeraerts, D. 2010. *Theories of Lexical Semantics*. Oxford: Oxford University Press.

Glaser, W. R. 1992. Picture Naming. *Cognition*, 42(1-3): 61-105.

Glenberg, A. M. and M. P. Kaschak. 2002. Grounding Language in Action. *Psychonomic Bulletin and Review*, 9(3): 558-565.

Glynn, D. and J. A. Robinson(eds.). 2014. *Corpus Methods for Semantics*. Amsterdam: John Benjamins.

Goldberg, A. 1995. *Constructions: A Construction Grammar Approach to Argument Structure*. Chicago: University of Chicago Press.

Goldberg, A. 2019. *Explain Me This: Creativity, Competition and the Partial Productivity of Constructions*. New Jersey: Princeton University Press.

Gordard, D. and J. Jayez. 1993. Towards a Proper Treatment of Coercion Phenomena. In *Proceedings of the 6th Conference of the European Chapter of the ACL*. Utrech: OTS Utrecht, 168-177.

Greimas, A. 1966. *Sémantique Structural: Recherché de Méthode*. Paris: Larousse.

Grice, H. P. 1991. Logic and Conversation. In Davis, S. (ed.), *Pragmatics: A Reader*. Oxford: Oxford University Press, 305-315.

Gries, S. T. and D. Divjak. 2009. Behavioral Profiles: A Corpus-Based Approach to Cognitive Semantic Analysis. In Evans, V. and S. Pourcel(eds.). *New Directions in Cognitive Linguistics*. Amsterdam: John Benjamins, 57-75.

Haiman, J. 1980. Dictionaries and Encyclopedias. *Lingua*, 50(4): 329-357.

Halliday, M. A. K. and C. Yallop. 2009. *Lexicology: A Short Introduction*. Beijing: World Publishing Corporation.

Hanks, P. 1994. Linguistic Norms and Pragmatic Explanations, or Why Lexicographers Need Prototype Theory and Vice Versa. In Kiefer, F., Kiss, G. and P. Julia (eds.), *Papers in Computational Lexicography: Complex' 94*. Research Institute for Linguistics, Hungarian Academy of Sciences.

Hanks, P. 2013. *Lexical Analysis: Norms and Exploitation*. Massachusetts: the MIT Press.

Harder, P. 2003. Mental Spaces: Exactly When do We Need Them?. *Cognitive Linguistics*, 14(1): 91-96.

Hjelmslev, L. 1953. *Prolegomena to a Theory of Language*. Bloomington: Indiana University Press.

Hjelmslev, L. 1958. Dans Quelle Mesure les Significations des Mots Peuvent-elles être Considerées Comme Formant une Structure? In Sivertsen, E. (ed.), *Proceedings of the Eighth International Congress of Linguists*. Oslo: Oslo University Press, 636-654.

Huang, Y. 2017. Implicitness in the Lexis: Lexical Narrowing and Neo-Gricean Pragmatics. In Cap, P. and M. Dynel(eds.), *Implicitness: From Lexis to Discourse*. Amsterdam/Philadelphia: John Benjamins, 67-94.

Hurford, J. 2007. *The Origins of Meaning: Language in the Light of Evolution*. Oxford: Oxford University Press.

Hunston, S. and F. Gill. 2000. *Pattern Grammar: A Corpus-Driven Approach to the Lexical Grammar of English*. Amsterdam: John Benjamins.

Jackendoff, R. 1983. *Semantics and Cognition*. Massachusetts: the MIT Press.

Jackendoff, R. 1990. *Semantic Structure*. Massachusetts: the MIT Press.

Jackendoff, R. 1996. Conceptual Semantics and Cognitive Linguistics. *Cognitive Linguistics*, (7): 93-129.

Jackendoff, R. 2002. *Foundations of Language: Brain, Meaning, Grammar, Evolution*. Oxford: Oxford University Press.

Jespersen, O. 1933. *Essentials of English Grammar*. London: Routledge.

Jezek, E. 2016. *The Lexicon: An Introduction*. New York: Oxford University Press.

Johnson, M. 1987. *The Body in the Mind: The Bodily Basis of Meaning, Imagination, and Reason*. Chicago: University of Chicago Press.

Johnson, M. 2007. *The Meaning of the Body: Aesthetics of Human Understanding*. Chicago: University of Chicago Press.

Jürgen, B. 2003. NSM Without the Strong Lexicalization Hypothesis. *Theoretical Linguistics*, 29(1-2): 211-222.

Justeson, J. S. and S. M. Katza. 1995. Technical Terminology: Some Linguistic Properties and an Algorithm for Identification in Text. *Natural Language Engineering*, 1(1): 9-27.

Kamp, H. and B. Partee. 1995. Prototype Theory and Compositionality. *Cognition*, 57(2): 129-191.

Kandler, G. 1959. Die *Lücke* im Sprachlichen Weltbild: zur Synthese von Psychologismus und Soziologismus. In Gipper, H. (ed.), *Sprache*, *Schlüssel zur Welt*: *Festschrift für Leo Weisgerber*. Düsseldorf: Schwann, 256-270.

Kaschak, M. and A. Glenberg. 2000. Constructing Meaning: The Role of Affordances and Grammatical Constructions in Sentence Comprehension. *Journal of Memory and Language*, 43(3): 508-529.

Kaschak, M., Madden, C.J., Therriault, D.J., et al. 2005. Perception of Motion Affects Language Processing. *Cognition*, 94(3): B79-B89.

Katz, J. 1966. *The Philosophy of Language*. New York: Harper and Row.

Katz, J. 1967. Recent Issues in Semantic Theory. *Foundations of Language*, 3(2): 124-194.

Katz, J. 1972. *Semantic Theory*. New York: Harper and Row.

Katz, J. 1977. The Real Status of Semantic Representations. *Linguistic Inquiry*, 8(3): 559-584.

Katz, J. 1981. *Language and Other Abstract Objects*. Oxford: Basil Blackwell.

Katz, J. and A. Fodor. 1963. The Structure of a Semantic Theory. *Language*, 39: 170-210.

Kiefer, M. and F. Pulvermüller. 2012. Conceptual Representations in Mind and Brain: Theoretical Developments, Current Evidence and Future Directions. *Cortex*, 48(7): 805-825.

Kiverstein, J. 2012. The Meaning of Embodiment. *Topics in Cognitive Science*, 4(4): 740-758.

Labov, W. 1973. The Boundaries of Words and Their Meanings. In Bailey, C. J. and W. S. Roger(eds.), *New Ways of Analyzing Variation in English*. Washington, D. C.: Georgetown University Press, 340-371.

Lakoff, G. 1987. *Women, Fire and Dangerous Things*: *What Categories Reveal about the Mind*. Chicago: The University of Chicago Press.

Lakoff, G. and M. Johnson. 1980. *Metaphors We Live by*. Chicago: The University of Chicago Press.

Lakoff, G. and M. Johnson. 1999. *Philosophy in the Flesh*: *The Embodied Mind and Its Challenge to Western Thought*. New York: Basic Books.

Langacker, R. W. 1987. *Foundations of Cognitive Grammar*(Volume Ⅰ): *Theoretical Prerequisites*. Stanford: Stanford University Press.

Langacker, R. W. 1991. *Foundations of Cognitive Grammar* (Volume Ⅱ): *Descriptive Application*. Stanford: Stanford University Press.

Langacker, R. W. 1999. *Grammar and Conceptualization*. Berlin: Mouton de Gruyter.

Langacker, R. W. 2008. *Cognitive Grammar: A Basic Introduction*. Oxford: Oxford University Press.

Langacker, R. W. 2017. Evidentiality in Cognitive Grammar. In Arrese, J. I. M., HaBler, G. and M. Carreto (eds.), *Evidentiality Revisited: Cognitive Grammar, Functional and Discourse-pragmatic Perspectives*. Amsterdam: John Benjamins.

Lang, E. 1991. A Two-Level Approach to Projective Prepositions. In Rauh. G. (ed.), *Approaches to Prepositions*. Tübingen: Narr, 127–167.

Lang, E. 1993. The Meaning of German Projective Prepositions: A Two-Level Approach. In Cornelia, Z. W. (ed.), *The Semantics of Prepositions: From Mental Processing to Natural Language Processing*. Berlin: Mouton de Gruyter, 249–291.

Lang, E. 1994. Semantische vs. Konzeptuelle Struktur: Unterscheidung und Überschneidung. In Schwarz, M. (ed.), *Kognitive Semantik/Cognitive Semantics*. Tübingen: Narr, 25–40.

Leech, G. 1974/1985. *Semantics*. Harmondsworth: Penguin.

Leech, G. 1981. *Semantics: The Study of Meaning*. New York: Penguin.

Leech, G. 2006. *A Glossary of English Grammar*. Edinburgh: Edinburgh University Press.

Leech, G. and J. Svartvik. 2002. *A Communicative Grammar of English*. Harlow: Person Education Ltd.

Levin, B. and M. R. Hovav. 2005. *Argument Realization*. Cambridge: Cambridge University Press.

Lipka, L. 2002. *English Lexicology: Lexical Structure, Word Semantics and Word-Formation*. Tübingen: Narr.

Louwerse, M. M. 2007. Symbolic or Embodied Representations: A Case for

Symbol Interdependence. In Landauer, T. K., Mcnamara, D. S., Dennis, S., et al. (eds.), *Handbook of Latent Semantic Analysis*. New Jersey: Lawrence Erlbaum Associates, Publishers, 107–120.

Louwerse, M. M. and L. Connell. 2011. A Taste of Words: Linguistic Context and Perceptual Simulation Predict the Modality of Words. *Cognitive Science*, 35(2): 381–398.

Louwerse, M. M. and P. Jeuniaux. 2010. The Linguistic and Embodied Nature of Conceptual Processing. *Cognition*, 114(1): 96–104.

Lyons, J. 1963. *Structural Semantics*. Oxford: Basil Blackwell.

Lyons, J. 1968. *Introduction to Theoretical Linguistics*. Cambridge: Cambridge University Press.

Lyons, J. 1977. *Semantics*. Cambridge: Cambridge University Press.

Majid, A., Bowerman, M., Staden, V., et al. 2007. The Semantic Categories of Cutting and Breaking Events: A Cross-Linguistic Perspective. *Cognitive Linguistics*, 18(2): 133–152.

Matlock, T., Ramscar, M. and L. Boroditsky. 2005. On the Experiential Link Between Spatial and Temporal Language. *Cognitive Science*, 29(4): 655–664.

Maton, K. 2013. Making Semantic Waves: A Key to Cumulative Knowledge-Building. *Linguistic and Education*, 24(1): 8–22.

Maton, K. 2014. *Knowledge and Knowers: Towards a Realist Sociology of Education*. London: Routledge.

Maton, K. 2015. Building Powerful Knowledge: The Significance of Semantic Waves. In Barrett, B. and E. Rata (eds.), *Knowledge and the Future of the Curriculum: International Studies in Social Realism*. London: Palgrave Macmillan, 181–197.

Matruglio, E., Maton, K. and J. R. Martin. 2013. Time Travel: The Role of Temporality in Enabling Semantic Waves in Secondary School Teaching. *Linguistics and Education*, 24(1): 38–49.

McNally, L. and C. Kennedy. 2013. Degree vs. Manner Well: A Case Study in Selective Binding. *Advances in Generative Lexicon Theory*, 46: 247–262.

Meier, B. P., Schnall, S., Schwarz, N., et al. 2012. Embodiment in Social

Psychology. *Topics in Cognitive Science*, 4(4): 705-716.

Miller, G. A. and P. N. Johnson-Laird. 1962. Language and Perception. *Philosophy and Phenomenological Research*, 23(2): 192-204.

Minsky, M. 1980. K-lines: A Theory of Memory. *Cognitive Science*, 4(2): 117-133.

Moore, T. and C. Carling. 1982. *Language Understanding: Towards a Post-Chomskyan Linguistics*. New York: St. Martin's Press.

Murphy, M. L. 2003. *Semantic Relations and the Lexicon: Antonymy, Synonymy, and Other Paradigms*. Cambridge: Cambridge University Press.

Murphy, M. L. 2010. *Lexical Meaning*. Cambridge: Cambridge University Press.

Murphy, M. L. and A. Koskela. 2016. *Key Terms in Semantics*. Beijing: Foreign Language Teaching and Research Press.

Newman, J. 2009. English Posture Verbs: An Experientially Grounded Approach. *Annual Review of Cognitive Linguistics*, 7(1): 30-57.

Nida, E. 1997. The Molecular Level of Lexical Semantics. *International Journal of Lexicography*, 10(4): 265-274.

Ogden, C. K. and I. A. Richards. 1923/2001. *The Meaning of Meaning: A Study of the Influence of Language upon Thought and of the Science of Symbolism*. London and New York: Routledge.

Paivio, A. 1986. *Mental Representations: A Dual Coding Approach*. Oxford: Oxford University Press.

Palmer, F. R. 1976. *Semantics*. Cambridge: Cambridge University Press.

Paradis, C. 2001. Adjectives and Boundedness. *Cognitive Linguistics*, 12(1): 47-85.

Paul, H. 1920. *Prinzipien der Sprachgeschichte*. Halle: Niemeyer.

Pecher, D., Boot, I. and V. Dantzig. 2011. Abstract Concepts: Sensory-Motor Grounding, Metaphors, and Beyond. In Ross, B. (ed.), *The Psychology of Learning and Motivation*. Burlington: Academic Press, 217-248.

Pinango, M. M., Zurif, E. and R. Jackendoff. 1999. Real-Time Processing Implications of Enriched Composition at the Syntax-Semantics Interface. *Journal of Psycholinguistic Research*, 28(4): 395-414.

Pottier, B. 1964. Vers une Sémantique Moderne. *Travaux de Linguistique et de Littérature*, (2): 107-137.

Pottier, B. 1965. La Définition Sémantique dans les Dictionaries. *Travaux de linguistique et de littérature*, (3): 33-39.

Prinz, J. J. 2002. *Furnishing the Mind: Concepts and Their Perceptual Basis*. Massachusetts: the MIT Press.

Pulvermüller, F., Mohr, B. and H. Schleichert. 1999. Semantic or Lexico-syntactic Factors: What Determines Word-Class Specific Activity in the Human Brain?. *Neuroscience Letter*, 275(2): 81-84.

Pustejovsky, J. 1995. *The Generative Lexicon*. Massachusetts: the MIT Press.

Pustejovsky, J. 1996. Polysemy and Word Meaning. *Machine Tractable Dictionaries*, 19-24.

Pustejovsky, J., Bouillon, P., Isahara, H. H., et al. (eds.). 2013. *Advances in Generative Lexicon Theory*. Dordrecht: Springer.

Recanati, F. 2004. *Literal Language*. Cambridge: Cambridge University Press.

Ren, F. 2013. A Grounding Approach to the Semantic Meaning of the Light Verb Da, in Liu, P. Y. and Qi, S. (eds.), *Chinese Lexical Semantics*. Paper presented at the 14th Workshop, CLSW, Zhengzhou: 88-96.

Robert, S. 2008. Words and Their Meanings: Principles of Variation and Stabilization. In Vanhove, M. (ed.), *From Polysemy to Semantic Change: Towards a Typology of Lexical Semantic Associations*. Amsterdam: John Benjamins, 55-92.

Rumelhart, D. E. 1975. Notes on a Schema for Stories. In Brown, D. G. and A. Collins (eds.), *Representation and Understanding: Studies in Cognitive Science*. New York: Academic Press, 211-236.

Saussure, F. de. 1916/1959. *Course in General Linguistics*. Translated by Baskin, W. New York: Philosophic Library.

Schank, R. C. 1972. Conceptual Dependency: A Theory of Natural Language Understanding. *Cognitive Psychology*, 3(4): 552-631.

Schank, R. C. and R. Abelson. 1977. *Scripts, Plans, Goals, and Understanding: An Inquiry into Human Knowledge Structures*. New Jersey:

Lawrence Erlbaum Associates, Publishers.

Searle, J. 1980. Minds, Brains and Programs. *Behavioral and Brain Sciences*, (3): 417-458.

Simon, H. A. 1979. Information Processing Models of Cognition. *Annual Review of Psychology*, 30: 363-396.

Simons, W.K., Ramjee, V., Beauchamp, M.S., et al. 2007. A Common Neural Substrate for Perceiving and Knowing about Color. *Neuropsychologia*, 45(12): 2802-2810.

Sinclair, J. M. 1990. *Collins Cobuild English Grammar*. London: Harper Collins.

Sinclair, J. M. 1991. *Corpus, Concordance, Collocation*. Oxford: Oxford University Press.

Smith, E. E., Shoben, E. J. and L. J. Rips. 1974. Structure and Process in Semantic Memory: A Featural Model for Semantic Decisions. *Psychological Review*, 81(3): 214-241.

Sperber, D. and D. Wilson. 1995. *Relevance: Communication and Cognition*. Oxford: Basil Blackwell.

Sweeter, E. 1999. Compositionality and Blending: Semantic Composition, in a Cognitively Realistic Framework. In Janssen, T. and G. Redeker (eds.), *Cognitive Linguistics: Foundations, Scope and Methodology*. Berlin: Mouton de Gruyter, 129-162.

Talmy, L. 2012. *Toward a Cognitive Semantics (Volume I): Concept Structuring Systems*. Beijing: Foreign Language Teaching and Research Press.

Taylor, J. R. 1992. How Many Meanings does a Word Have?. *Stellenbosch Papers in Linguistics*, 25: 133-163.

Taylor, J. R. 1996. Possessives in English: An Exploitation in Cognitive Grammar. *English Language and Linguistics*, 1(2): 397-402.

Taylor, J. R. 2003. *Linguistic Categorization: Prototypes in Linguistic Theory*. Oxford: Oxford University Press.

Taylor, J. R. 2006. Polysemy and the Lexicon. In Kristiansen, G., Achard, M., Dirven, R., et al. (eds.), *Cognitive Linguistics: Current Applications and Future Perspectives*. Berlin: Mouton de Gruyter, 51-80.

Taylor, J. R. 2012. *The Mental Corpus*. New York: Oxford University Press.

Taylor, J. R. 2017. Lexical Semantics. In Dancygier, B. (ed.), *The Cambridge Handbook of Cognitive Linguistics*. Cambridge: Cambridge University Press, 246-261.

Taylor, L. J. and R. A. Zwann. 2009. Action in Cognition: The Case of Language. *Language and Cognition*, (1): 45-58.

Trier, J. 1931. *Der Deutsche Wortschatz im Sinnbezirk des Verstandes: Die Geschichte eines Sprachlichen Feldes*. Heidelberg: Winter.

Tyler, A. and V. Evans. 2003. *The Semantics of English Prepositions: Spatial Scenes, Embodied Experience and Cognition*. Cambridge: Cambridge University Press.

Ullmann, S. 1957. *The Principles of Semantics*. Oxford: Basil Blackwell.

Ungerer, F. and H. J. Schmid. 1996. *An Introduction to Cognitive Linguistics*. London: Pearson Education Ltd.

Verhagen, A. 2007. *Construal and Perspectivization*. In Geeraerts, D. and H. Cuyckens(eds.), *The Oxford Handbook of Cognitive Linguistics*. Oxford: Oxford University Press, 48-81.

Versa, A. H. and H. A. Simon. 1993. Situated Action: A Symbolic Interpretation. *Cognitive Science*, 17(1): 7-48.

Verspoor, C. M. 1997. Contextually-Dependent Lexical Semantics. PhD Dissertation. Edinburgh: University of Edinburgh.

Wang, R. H. and G. Y. Jiang. 2015. Review of Geometry of Meaning: Semantics Based on Conceptual Spaces. *Cognitive Linguistics*, 26(1): 149-154.

Wechsler, S. 2015. *Word Meaning and Syntax: Approaches to the Interface*. Oxford: Oxford University Press.

Weisgerber, L. 1927. Die Bedeutungslehre: ein Irrweg der Sprachwissenschaft?. *Germanisch-Romanische Monatsschrift*, 15: 161-183.

Wierzbicka, A. 1972. *Semantic Primitives*. Frankfurt: Athenaeum.

Wierzbicka, A. 1985. *Lexicography and Conceptual Analysis*. Ann Arbor: Karoma Pub.

Wierzbicka, A. 1992. *Semantic, Culture and Cognition: Universal Human Concepts in Culture-Specific Configurations*. New York: Oxford University Press.

Wierzbicka, A. 1996. *Semantic, Primes and Universals*. Oxford: Oxford University Press.

Wierzbicka, A. 1997. *Understanding Cultures Through Their Key Words: English, Russian, Polish, German, and Japanese*. New York: Oxford University Press.

Wierzbicka, A. 1999. *Emotions Across Languages and Cultures*. Cambridge: Cambridge University Press.

Wierzbicka, A. 2003. *Cross-Cultural Pragmatics: The Semantics of Human Interaction*. Berlin: Mouton de Gruyter.

Wilkins, D. A. 1972. *Linguistics in Language Teaching*. Massachusetts: the MIT Press.

Wilson, D. 2003. Relevance, Word Meaning and Communication: The Past, Present and Future of Lexical Pragmatics. Paper presented at the 8th National Conference on Pragmatics, Guangzhou.

Zwaan, R. A. 1999. Embodied Cognition, Perceptual Symbols and Situation Models. *Discourse Processes*, 28(1): 81-88.

Zwaan, R. A. 2003. The Immersed Experiencer: Toward an Embodied Theory of Language Comprehension. In Ross, B. H. (ed.), *The Psychology of Learning and Motivation*(Vol. 44). New York: Academic Press, 35-62.

白解红,2000. 语境与意义[J]. 外语与外语教学,(4):21-24.

蔡龙权,2004. 隐喻化作为一词多义的理据[J]. 上海师范大学学报(哲学社会科学版),(5):111-118.

曹炜,2009. 现代汉语词义学:修订本[M]. 广州:暨南大学出版社.

陈新仁,2005. 国外词汇语用学研究述评[J]. 外语研究,(5):5-9,80.

陈玉明,郭田友,何立国,等,2014. 具身认知研究述评[J]. 心理学探新,(6):483-487.

戴浩一,1997. Category Shifts and Word-Formation Redundancy(范畴转换与构词冗余)[J]. 中国境内语言暨语言学,(3):435-468.

董绍克,等,2013. 汉语方言词汇比较研究[M]. 北京:商务印书馆.

符淮青,1980. 词的释义方式[J]. 辞书研究,(2):158-169.

符淮青,1982a. 名物词的释义[J]. 辞书研究,(3):85-93.

符淮青,1982b. 表动作行为的词的意义分析[J]. 北京大学学报(哲学社会科学版),(3):64-72.

符淮青,2006.词义的分析与描写[M].北京:外语教学与研究出版社.

高名凯,1985/2011.语言论[M].北京:商务印书馆.

郭绍虞,1979.汉语语法修辞新探[M].北京:商务印书馆.

韩蕾,2010.试析事件名词的词类地位[J].宁夏大学学报(人文社会科学版),(1):6-10.

胡奇光,方环海,2009.尔雅译注[M].上海:上海古籍出版社.

黄洁,2018.认知词汇语义学研究的回顾与展望[J].现代外语,(6):864-874.

吉拉兹,2013.欧美词汇语义学理论[M].李葆嘉,司联合,李炯英,译.北京:世界图书出版公司北京公司.

贾彦德,1981.现代汉语常用亲属词的语义成分分析[J].湘潭大学学报,(3):49-57.

贾彦德,1982a.语义场内词义间的几种聚合关系[J].新疆大学学报(哲学社会科学版),(1):92-118.

贾彦德,1982b.语义成分分析法的程序问题[J].新疆大学学报(哲学·人文社会科学版),(3):63-69.

贾彦德,1986.语义学导论[M].北京:北京大学出版社.

贾彦德,1992.汉语语义学[M].北京:北京大学出版社.

金兆梓,1955.国文法之研究[M].北京:中华书局股份有限公司.

孔蕾,秦洪武,2017.词义演变的制约机制:语境和语义图式[J].解放军外国语学院学报,(2):60-66.

李强,2014.汉语形名组合的语义分析与识解:基于物性结构的探讨[J].汉语学习,(5):42-50.

李强,2015a.从生成词库论看动词"读"与名词的组合[J].云南师范大学学报(对外汉语教学与研究版),(2):69-80.

李强,2015b.谓词隐含、物性角色和"NP1+的+NP2"结构[J].语言研究,35(4):9-20.

李强,2016.生成词库理论研究述评[J].外国语,39(3):43-54.

李强,2017.从生成词库论看汉语动宾结构及其语义转喻[J].语言教学与研究,(6):72-81.

李强,2018.国内生成词库理论研究的回顾与展望[J].云南师范大学学报（对外汉语教学与研究版），16（1）：55-69.

李强，袁毓林，2015. 服务于国际汉语教学的同义名词辨析查询系统建设[J]. 对外汉语研究，（1）：115-123.

李强，袁毓林，2016. 从生成词库论看名词的词典释义[J]. 辞书研究，（4）：12-26.

李其维，2008."认知革命"与"第二代认知科学"刍议[J]. 心理学报，40（12）：1306-1327.

李瑛，文旭，2006. 从"头"认知：转喻、隐喻与一词多义现象研究[J]. 外语教学，（3）：1-5.

廖光蓉，2005a. 多义词意义关系模式研究[J]. 外语教学，（3）：56-59.

廖光蓉，2005b. 多义词范畴原型裂变、次范畴化及相关问题研究[J]. 外语与外语教学，（10）：12-13.

林正军，杨忠，2005. 一词多义现象的历时和认知解析[J]. 外语教学与研究，（5）：362-367,401.

刘叔新，1980. 同义词和近义词的划分[G]//南开大学中文系语言学教研室. 语言研究论丛. 天津：天津人民出版社.

刘志成，2014. 英汉人体词一词多义认知对比研究[D]. 上海：上海外国语大学.

陆俭明，2010. 汉语语法语义研究新探索（2000—2010 演讲集）[G]. 北京：商务印书馆.

吕晓玲，杨振兰，2015. 语境中的词义变体与多义词词义类聚[J]. 社会科学家，（4）：150-154.

马建忠，1898/1983. 马氏文通[M]. 北京：商务印书馆.

秦晓惠，张敬源，2017.《词汇分析：规范与异化》介绍[J]. 当代语言学，19（2）：280-284.

仇伟，2011. 英语乏词义结构的认知研究[D]. 开封：河南大学.

冉永平，2005. 词汇语用学及语用充实[J]. 外语教学与研究，（5）：343-350.

尚国文，2011. 语言理解的感知基础[J]. 外语学刊，（4）：8-14.

邵斌，2014. 词汇·语义·认知·语料库：比利时鲁汶大学 Dirk Geeraerts 教授访谈录[J]. 外国语，（2）：86-92.

邵斌，2015. 英语浮现词缀：基于使用的语言演变研究[D]. 杭州：浙江大学.

沈家煊，1985. 雷·贾肯道夫的《语义学和认知》[J]. 当代语言学，(4)：19-22.

沈家煊，2016. 名词和动词[M]. 北京：商务印书馆.

史锡尧，1999. 语法·语义·语用[M]. 北京：人民教育出版社.

斯米尔尼茨基，1958. 词义[G]//北京俄语学院. 语言学译丛. 北京：商务印书馆，17-19.

宋作艳，2010. 类词缀与事件强迫[J]. 世界汉语教学，(4)：446-458.

宋作艳，2011. 逻辑转喻的半能产性与多种解释[J]. 语言教学与研究，(3)：43-50.

宋作艳，2013. 逻辑转喻、事件强迫与名词动用[J]. 语言科学，(2)：117-129.

宋作艳，2014. 也谈与"的"字结构有关的谓词隐含[J]. 汉语学习，(1)：20-28.

宋作艳，2015. 生成词库理论与汉语事件强迫现象研究[M]. 北京：北京大学出版社.

宋作艳，2016. 功用义对名词词义与构词的影响：兼论功用义的语言价值与语言学价值[J]. 中国语文，(1)：44-57.

宋作艳，2018. 名词转动词的语义基础：从动词视角到名词视角[J]. 中国语文，(3)：295-310，383.

苏宝荣，2000. 词义研究与辞书释义[M]. 北京：商务印书馆.

苏新春，2008. 汉语词义学[M]. 北京：外语教学与研究出版社.

特鲁别茨柯伊，1960/2015. 音位学原理[M]. 杨衍春，译. 桂林：广西师范大学出版社.

汪榕培，2002. 英语词汇学高级教程[M]. 上海：上海外语教育出版社.

汪榕培，李冬，1983. 实用英语词汇学[M]. 沈阳：辽宁人民出版社.

王文斌，2001. 英语词汇语义学[M]. 杭州：浙江教育出版社.

王文斌，2007. 隐喻性词义的生成和演变[J]. 外语与外语教学，(4)：13-17.

王文斌，2009a. 论汉英形状量词"一物多量"的认知缘由及意象图式的不定性[J]. 外语教学，(2)：6-11.

王文斌，2009b. 从词汇学研究走向词汇语义学研究[J]. 外语电化教学，（2）：3-9.

王文斌，2010. 矛盾修辞法的张力、成因及其认知消解[J]. 外语教学，（3）：7-12.

王文斌，2015. 从图形与背景的可逆性看一词多义的成因：以汉语动词"吃"和英语动词"make"为例[J]. 外语与外语教学，（5）：36-41.

王文斌，毛智慧，2011. 心理空间理论和概念合成理论研究[M]. 上海：上海外语教育出版社.

王文斌，邵斌，2018. 词汇学十讲[M]. 上海：上海外语教育出版社.

王文斌，周慈波，2004. 英汉"看"类动词的语义及词化对比分析[J]. 外语教学与研究，（6）：412-419.

王希杰，1996. 修辞学通论[M]. 南京：南京大学出版社.

谢久书，张常青，王瑞明，等，2011. 知觉符号理论及其研究范式[J]. 心理科学进展，（9）：1293-1305.

许慎，2007. 说文解字[M]. 徐铉，校注. 上海：上海古籍出版社.

荀恩东，饶高琦，肖晓悦，等，2016. 大数据背景下BCC语料库的研制[J]. 语料库语言学，（1）：93-109，118.

亚里士多德，1996. 范畴篇·解释篇[M]. 方书春，译. 北京：商务印书馆.

杨自俭，2008. 试谈英汉多义词的比较[G]//邵志洪（主编），结构·语义·关系：英汉微观对比研究. 上海：上海外语教育出版社，76-88.

叶浩生，2010. 具身认知：认知心理学的新取向[J]. 心理科学进展，（5）：705-710.

叶浩生，2013. 认知与身体：理论心理学的视角[J]. 心理学报，（4）：481-488.

叶浩生，2014. "具身"涵义的理论辨析[J]. 心理学报，（7）：1032-1042.

叶浩生，2018. "具身认知"专题研究[J]. 心理研究，（2）：99-100.

殷融，叶浩生，2013. 语言与情境仿真理论：概念与展望[J]. 心理学探新，（4）：308-314.

袁劲梅，2017. "美国教授写给被开除的中国研究生的一封信：我就不该录取你"[N/OL].[2018-12-25]. http://baijiahao.baidu.com/s?id=160098

6171367768917&wfr=spider&for=pc.

袁毓林,2013. 基于生成词库论和论元结构理论的语义知识体系研究[J]. 中文信息学报,23-30.

袁毓林,2014. 汉语名词物性结构的描写体系和运用案例[J]. 当代语言学,(1):31-48.

詹全旺,2010. 实体概念与词的交际意义[J]. 安徽大学学报(哲学社会科学版),(1):151-156.

张恩涛,2014. 词汇理解中内隐空间表征激活的认知机制[D]. 上海:华东师范大学.

张辉,陈松松,2018. 重视研究方法培养 提高外语教师的国际发表意识[J]. 外语与外语教学,(3):13-21.

张辉,范瑞萍,2008. 形名组合的意义建构:概念整合和物性结构的杂合分析模式[J]. 外国语,31(4):38-49.

张金生,孙冬阳,2017. 汉英空间介词"上"和"on"的认知语义对比:一项基于语料库的研究[J]. 解放军外国语学院学报,(3):45-53.

张韧,2018. 词义:使用印记与图式浮现[J]. 现代外语,(3):306-319.

赵春利,石定栩,2009. 形容词与名词的语义组合模型研究[J]. 中文信息学报,23(5):9-18,24.

中国社会科学院语言研究所词典编辑室(编),2016. 现代汉语词典:第6版[Z]. 北京:商务印书馆.

周长银,2016. 概念结构与平行构建理论及其最新进展[J]. 当代语言学,18(3):431-451.

朱彦,2016. 意象图式与多义体系的范畴化:现代汉语动词"赶"的多义研究[J]. 当代语言学,18(1):38-50.

朱永生,2015. 从语义密度和语义引力到物质与存在[J]. 中国外语,12(4):16-25.

本书主要术语

百科知识意义观
本源范畴
纯粹选择
词的多义性
词汇场
词汇概念
词汇概念的包容性
词汇概念的两极性
词汇概念的选择趋向性
词汇概念以及认知模型理论
词汇功能范式
词汇类型结构
词汇意义
词汇语义
词汇语义学
词汇语用学
词网
词义成分——词义构成模式
词义成分分析法
词义共振原理
词义构建三角模型
从属形容词
搭配意义
低密度动词
多义词

符号认知理论
附属意义
高密度动词
概念
概念化
概念基元
概念结构
概念依存性
概念意义
概念语义理论
概念整合
概念自治性
感知符号系统理论
功用角色
公转型意义构建
构成角色
关联理论
关系性述义
固定意义假设
关系语义学
化简释义
会话含意理论
基础认知
基于使用的假设
交集形容词
脚本
较高密度动词
结构主义语义学
具身认知
具身体验
具体义面轮转
卡茨语义学

联想意义
类型强迫
类型调节
理想化认知模型
历史语文语义学
论元结构
逻辑转喻
名词性述义
模糊意义假设
模拟的当下性
模拟的情境性
模拟的主体性
内涵意义
偶然意义
强迫利用
强迫引入
情感价值
情感意义
情境模拟加工
认知语义学
社会意义
生成词库
生成语义学
施事角色
使用印记
事件结构
事件强迫
事件义·内容义轮转
双层语义学
他源范畴
体词
通常意义

图式浮现
物性结构
物性角色轮转
物质义·内容义轮转
物质义·事件义轮转
相词
心理空间
心理语料库
新结构主义语义学
新生成语义学
形式角色
形式选择趋向
言语
义面轮转
意象图式理论
意义
意义构建观
意义列举词库
意义潜势
音位
隐喻
语境
语料库分布分析范式
语言
语言能力
语言与情境模拟理论
语言运用
语义
语义标示不足
语义成分分析法
语义关联
语义和谐律

语义基元
语义加工
语义结构
语义框架
语义密度
语义潜势
语义缺省
语义确认
语义冗余
语义调整
语义图式
语义选择趋向
语义依赖
语义自足
语义组合
语义组合机制
语音
语用充实
语用收缩
整体模拟
中密度动词
主题意义
转喻
自然语义元语言理论
自转型意义构建